Julia Feldgen
Bärbel Klein

# Kinder entdecken Kunstwerke

## Jahreszeiten

### 1.–4. Klasse

**Die Autorinnen:**

**Julia Feldgen**

Studium der Grundschulpädagogik mit den Fächern Deutsch, Mathematik und Kunst in Köln, Lehrtätigkeit an einer deutschen Schule in Barcelona, Lehrerin an einer Grundschule in Köln, Arbeit an ihrer künstlerischen Entwicklung und erste Produktionen als freie Künstlerin

**Bärbel Klein**

Studium an der Pädagogischen Hochschule in Aachen, Ausbildung als Grund- und Hauptschullehrerin, langjährige Erfahrung im Schuldienst als Grundschullehrerin, anschließend im Bereich der Lehrerausbildung für den Bereich Grundschule als Fachleiterin Deutsch und als Hauptseminarleiterin tätig, Autorin zahlreicher Veröffentlichungen für den Grundschulunterricht

Gedruckt auf umweltbewusst gefertigtem, chlorfrei gebleichtem und alterungsbeständigem Papier.

3. Auflage 2018
© 2012 Persen Verlag, Hamburg
AAP Lehrerfachverlage GmbH
Alle Rechte vorbehalten.

Das Werk als Ganzes sowie in seinen Teilen unterliegt dem deutschen Urheberrecht. Der Erwerber des Werkes ist berechtigt, das Werk als Ganzes oder in seinen Teilen für den eigenen Gebrauch und den Einsatz im eigenen Unterricht zu nutzen. Die Nutzung ist nur für den genannten Zweck gestattet, nicht jedoch für einen weiteren kommerziellen Gebrauch, für die Weiterleitung an Dritte oder für die Veröffentlichung im Internet oder in Intranets. Eine über den genannten Zweck hinausgehende Nutzung bedarf der vorherigen schriftlichen Zustimmung des Verlages.

Sind Internetadressen in diesem Werk angegeben, wurden diese vom Verlag sorgfältig geprüft. Da wir auf die externen Seiten weder inhaltliche noch gestalterische Einflussmöglichkeiten haben, können wir nicht garantieren, dass die Inhalte zu einem späteren Zeitpunkt noch dieselben sind wie zum Zeitpunkt der Drucklegung. Der Persen Verlag übernimmt deshalb keine Gewähr für die Aktualität und den Inhalt dieser Internetseiten oder solcher, die mit ihnen verlinkt sind, und schließt jegliche Haftung aus.

Illustrationen: Julia Flasche
Satz: Satzpunkt Ursula Ewert GmbH, Bayreuth

ISBN 978-3-403-23092-2

www.persen.de

# Inhalt

**Vorwort** . . . . . . . . . . . . . . . . . . . . . . . . . . . 5

## Frühling in der Kunst

*Blühender Mandelbaumzweig in einem Glas* von Vincent van Gogh . . . . . . . . 7
Der Künstler Vincent van Gogh . . . . . . . . . 9
Vincent van Gogh und seine Zeit . . . . . . . . 10
Vincent van Gogh – Zeitleiste . . . . . . . . . . 11
Die Unterrichtseinheit:
Blühender Mandelbaumzweig
in einem Glas . . . . . . . . . . . . . . . . . . . . . . 12

*Kopiervorlagen*
KV 1: Vorübung: Vergrößerung eines Astes . . . . . . . . . . . . . . . . 18
KV 2: Rasterunterlage für das eigene Bild . . . . . . . . . . . . . . . . . 19
KV 3: Bildteile mit Raster . . . . . . . . . . . 20
KV 4: Zielscheibe zur Selbsteinschätzung . . . . . . . . . . 21

*Ergänzungsmaterialien*
KV 5/6: Der Frühling – René Magritte . . . 22
KV 7/8: Rotes Bild – Nils-Udo . . . . . . . . . 24
KV 9/10: Papageien-Tulpen – Henri Matisse . . . . . . . . . . . . . . . 26
KV 11: Gedicht: Raus – Jürgen Spohn . . 28
KV 12: Gedicht: Frühling – Christine Nöstlinger . . . . . . . . . . 29
KV 13: Gedicht: Die Tulpe – Josef Guggenmos . . . . . . . . . . . . 30

## Sommer in der Kunst

*Ein Sonntagnachmittag auf der Insel „La Grande Jatte"*
von Georges Seurat . . . . . . . . . . . . . . . . . . 31
Der Künstler Georges Seurat . . . . . . . . . . . 33
Georges Seurat und seine Zeit . . . . . . . . . 34
Georges Seurat – Zeitleiste . . . . . . . . . . . . 35
Die Unterrichtseinheit:
Ein Sonntagnachmittag auf der
Insel „La Grande Jatte" . . . . . . . . . . . . . . . 36

*Kopiervorlagen*
KV 1 a/b: Personen mit Sprechblasen . . . . 42
KV 2: Hut . . . . . . . . . . . . . . . . . . . . . . . 44
KV 3: Malen wie Seurat . . . . . . . . . . . . 45
KV 4: Anglerin . . . . . . . . . . . . . . . . . . . 46

KV 5 a/b: Umrissfiguren . . . . . . . . . . . . . . . 47
KV 6: Lob- und Tipp-Bogen . . . . . . . . . 49
KV 7: Bilddetektive . . . . . . . . . . . . . . . 50

*Ergänzungsmaterialien*
KV 8–11: Der vom Goldblau umkreiste Flügel – Joan Miró . . . . . . . . . . . 52
KV 12/13: Der Sonnenschirm – Francisco de Goya . . . . . . . . . . . 56
KV 14/15: Der Gartenweg mit Hühnern – Gustav Klimt . . . . . . . 58
KV 16: August – Elisabeth Borchers . . . . 60
KV 17: Wettergeschichte – Hans Manz . . . . . . . . . . . . . . . . . 61
KV 18: Sommer – Ilse Kleberger . . . . . . . 62

## Herbst in der Kunst

Bergdorf (herbstlich) von Paul Klee ....... 63
Der Künstler Paul Klee ................. 65
Paul Klee und seine Zeit................ 66
Paul Klee – Zeitleiste ................. 67
Die Unterrichtseinheit:
Bergdorf (herbstlich) ................. 68

*Kopiervorlagen*
KV 1: Bergdörfer .................... 74
KV 2: Farbpalette von Paul Klee...... 75
KV 3: Umrisslinien Bergdorf ........ 76
KV 4: Aber der nächste Winter kommt bestimmt! – Fensterschablone .. 77
KV 5: Selbsteinschätzung zu meinem Bild Bergdorf (herbstlich)....... 78

*Ergänzungsmaterialien*
KV 6/7: Cirsium, Distel, Blütenboden – Karl Blossfeldt ........ 79
KV 8/9: Herbstbaum – Leo Gestel ..... 81
KV 10/11: Bergahornblätter – Nils-Udo .... 83
KV 12: Warum verfärben sich die Blätter im Herbst? ......... 85
KV 13: Manuel und Didi – Erwin Moser ................ 86
KV 14: Gedicht: Nebel – Ernst Kreidolf ................ 87

## Winter in der Kunst

Drei Häuser im Schnee von
Gabriele Münter..................... 88
Die Künstlerin Gabriele Münter ......... 90
Gabriele Münter und ihre Zeit........... 91
Gabriele Münter – Zeitleiste ........... 92
Die Unterrichtseinheit:
Drei Häuser im Schnee ................ 93

*Kopiervorlagen*
KV 1: Schablone für die Guck-Loch-Methode ......... 98
KV 2: Verlauf von Winter zu Frühling ................ 99
KV 3 a/b: Rollfilm: Drei Häuser im Schnee................ 100
KV 4: Selbsteinschätzung zu meinem Rollfilm ......... 102

*Ergänzungsmaterialien*
KV 5/6: Liegender Hund im Schnee – Franz Marc........ 103
KV 7/8: Lebkuchen-Bild – Paul Klee ... 105
KV 9/10: Die Vogelfalle – Pieter Bruegel der Ältere .......... 107
KV 11: Gedicht: Winterfreuden – Winterleid – Bärbel Klein...... 109
KV 12: Gedicht: Advent – Rainer Maria Rilke .......... 110
KV 13: Der Pfefferkuchenmann – Erika Engel................. 111

# Vorwort

„Kinder entdecken Kunstwerke" heißt der Titel dieser Reihe, zu der bereits ein Band zum Thema „Tiere" erschienen ist. In diesem Band wird das Thema „Jahreszeiten" in den Blick genommen, das schon von vielen Künstlern thematisiert wurde und immer wieder neue Aktualität hat.

Kinder für Kunst zu begeistern und Lehrerinnen und Lehrern Wege zu zeigen, wie man die künstlerische Entwicklung von Kindern begleiten kann, ist ein Hauptanliegen dieses Buches. Die darin dokumentierten Kinderergebnisse beweisen, dass Kinder sich gerne kreativ entfalten wollen, wenn man sie lässt. Gleichwohl bedarf es auch einer gezielten Anleitung, um ihre Entwicklung optimal zu fördern. Dieser Balance zwischen Offenheit und Anleitung versucht das Buch auf unterschiedliche Weise gerecht zu werden. Mit dem Thema „Jahreszeiten in der Kunst" sollen den Kindern Künstler und Kunstwerke nahegebracht werden, die das Thema aufgreifen. Hierzu werden einerseits Bildpräsentationsverfahren vorgeschlagen, andererseits werden Informationen über Künstler und ihre Zeit gegeben, die es ermöglichen sollen, dass die Kinder Vorstellungsbilder über die Zeit des jeweiligen Künstlers entwickeln können. Die Texte sind so gehalten, dass zumindest Kinder ab dem dritten Schuljahr diese selbstständig verstehen können. Eine Zeitleiste sowie Informationen zu Erfindungen, historischen Bezügen oder anderen Fakten aus der Zeit, in der der Künstler lebte, bieten eine gute Ergänzung. Außerdem sollen die Kinder im Rahmen des Themas zu den ausgewählten Kunstwerken eigene vielfältige Gestaltungsversuche unternehmen und verschiedene Techniken dabei erproben. Von den abgebildeten Kunstwerken können problemlos Farbfolien gezogen werden. Die Bilder können auch eingescannt und über Beamer oder Smartboard verbreitet werden. Die Kapitelaufteilung folgt der Chronologie der Jahreszeiten.

Kapitel 1: Frühling – mit dem Hauptwerk von van Gogh

Kapitel 2: Sommer – mit dem Hauptwerk von Georges Seurat

Kapitel 3: Herbst – mit dem Hauptwerk von Paul Klee

Kapitel 4: Winter – mit dem Hauptwerk von Gabriele Münter

Das Buch ist so konzipiert, dass es zu einer Jahreszeit ein Hauptbild gibt und in Form von Ergänzungsmaterialien noch weitere Kunstwerke zu der entsprechenden Jahreszeit angeboten werden. Während die Ergänzungsmaterialien so gestaltet sind, dass die Kinder weitgehend selbstständig damit arbeiten können, wird das Hauptbild detailliert im Sinne einer Unterrichtsbeschreibung mit einer genauen Vorgehensweise erarbeitet. Hierzu werden auch Kriterien angeboten, auf die die Kinder bei der Gestaltung ihres Bildes achten sollen und die für eine Leistungsbewertung eine Rolle spielen können. Eher formale Gestaltungs- und Ausgestaltungsaspekte spielen hier ebenso eine Rolle wie die Kreativität bei der Ideenfindung und die Subjektivität des Ausdrucks. Auch Neugier und Offenheit gegenüber Neuem und Kenntnisse über einen Maler und seine Zeit können in eine Gesamtnote auf dem Zeugnis mit einfließen. Eine Reflexion über Arbeits- und Gestaltungsprozesse, über Bezüge zwischen der Bildwahrnehmung und der eigenen Gestaltungsidee und -ausführung lässt am Ende der Einheit die Kinder in einen regen Austausch über ihre Bilder und das Bild des Künstlers kommen. Außerdem enthält das Buch zu jeder Jahreszeit noch weitere fächerübergreifende Aufgaben in Form von Texten, die zum Beispiel im Deutschunterricht als parallel zum Kunstunterricht laufende Angebote genutzt werden können, wenn man Klassenlehrerin oder Klassenlehrer ist. Basierend auf den aktuellen Lehrplänen und fachdidaktischen Ansätzen werden verschiedene Bereiche des Kunstunterrichts angesprochen und verschiedene Zielsetzungen formuliert. Selbsteinschätzungsbögen und andere Bewertungsmöglichkeiten für die Hand der Kinder vervollständigen das vorliegende Buch.

Die zahlreichen Kinderergebnisse sind in den Klassen 1 bis 4 und in einer Kunst-AG entstanden. Wir haben anhand der aufgestellten Leistungskriterien den Versuch gemacht, Stärken und Schwächen von Bildern zu benennen. Dass dies subjektiv und somit auch angreifbar ist, ist uns dabei bewusst. Im Hinblick auf die Notengebung ist es natürlich auch von Bedeutung, welche Vorerfahrungen die Kinder zum Beispiel mit einer bestimmten Technik oder mit kreativen Gestaltungsversuchen haben oder in welchem Alter die Kinder zu der Zeit waren. Es bleibt natürlich auch jedem überlassen, andere Kriterien in den Vordergrund zu stellen und somit eine andere Gewichtung der Ergebnisse vorzunehmen.

Wir wünschen Ihnen viel Freude beim Einsatz unserer Unterrichtsvorschläge, die alle erprobt wurden. Die vorhandenen Ausführungen zum Unterricht und die Kopiervorlagen sollen Ihnen die Arbeit erleichtern und Sie ermutigen, vielfältige Wege in der Kunst zu beschreiten. Die detaillierten Beschreibungen und Dokumentationen sollen auch fachfremd unterrichtenden Kunstlehrerinnen und -lehrern Mut machen und bei ihnen die Lust wecken, ihren Kunstunterricht mithilfe dieser Anregungen abwechslungsreich zu gestalten.

Julia Feldgen
Bärbel Klein

*Hinweis: Die Texte zu den Kunstwerken und Künstlern sind so geschrieben, dass sie, je nach Leistungsstärke der Klasse, als Lesetexte im Rahmen der Differenzierung angeboten werden können.*

Blühender Mandelbaumzweig in einem Glas (1888), Vincent van Gogh

# Frühling in der Kunst
## Titel: Blühender Mandelbaumzweig in einem Glas, 1888
## Künstler: Vincent van Gogh

## Das Bild

Das Bild *Blühender Mandelbaumzweig in einem Glas* wurde im März 1888 von Vincent van Gogh in Arles in der Provence gemalt. Er malte das Gemälde mit Öl auf eine Leinwand, die 24 × 19 cm groß ist. Das Bild hängt heute im Van Gogh Museum in Amsterdam.

Wie in dem Titel benannt, stellt ein Mandelbaumzweig den Bildgegenstand dar. Der Betrachter schaut auf eine einfache, transparente Glasvase herab, die längsgerillt ist. In ihr befindet sich ein einzelner verzweigter Mandelbaumzweig. Der Ast steht in klarem Wasser. An den Enden dreier Verzweigungen ballen sich die Mandelblüten in verschiedenen Blüte-Stadien. So kann man teils geschlossene Knospen und teils halbgeöffnete oder volle Blüten entdecken. Die Blüten scheinen impulsiv und schnell aufgetragen worden zu sein. Diese schnelle und intuitive Malweise ist für van Gogh typisch. Die Eindrücke der Natur bildet er mit viel Lebendigkeit, Intensität und Unmittelbarkeit ab. Seine schnelle Malweise ist auch immer wieder Ausdruck seines manchmal hektischen Lebens. „Es geht mit dem Leben wie mit dem Zeichnen, man muss manchmal schnell und entschlossen handeln, die Sachen mit Energie anpacken und dafür sorgen, dass die großen Linien blitzschnell dastehen." (Vincent an Theo, seinen Bruder, am 11. Mai 1882)

Die bloße Wiedergabe der sichtbaren Wirklichkeit war nicht das Ziel van Goghs. Vielmehr lag ihm daran, das Wesentliche und Charakteristische seiner Motive zum Ausdruck zu bringen sowie die Gefühle, die er ihnen gegenüber empfand.

Van Gogh malte fast ausschließlich mit direktem Blick auf seine Motive. So ist es sehr wahrscheinlich, dass auch dieser Mandelbaumzweig in seinem Atelier auf seinem Zeichentisch stand. Vielleicht hat er ihn von einem seiner vielen Spaziergänge mitgebracht.

Der Tisch, auf dem die Vase steht, wird durch schnelle, diagonale helle Pinselstriche gekennzeichnet. Auffallend ist die Andeutung eines Schattenwurfes der Vase durch blaue entgegengesetzte Striche. Der Hintergrund scheint eine einfache graue Wand zu sein, die durch einen roten Strich unterbrochen wird. Dieses auffällige Rot wiederholt sich in der Signatur, die Vincent an den oberen linken Bildrand setzte. Die Signatur ist in demselben Rot unterstrichen und bildet eine Parallele zu der Linie der Wand.

Das Werk transportiert nicht nur in der Motivwahl (Mandelblütenzweig), sondern auch in seiner Farbigkeit den Frühling. Die Farben scheinen erfrischend aufgetragen zu sein. Den Großteil des Bildes nimmt die helle Farbpalette von Weiß, Zitronengelb über pastellfarbene Blau- und Grüntöne ein. Diese wirken besonders ausdrucksvoll vor dem kontrasthaltigen, eher dunklen Hintergrund. Van Gogh trug die Ölfarben häufig unverdünnt oder nur wenig verdünnt auf.

# Der Künstler Vincent van Gogh

Vincent van Gogh wurde am 30. März 1853 im Ort Zundert, in den Niederlanden geboren. Er war das älteste Kind von sechs Geschwistern. Die Familie van Gogh war stark durch zwei Dinge geprägt: die Kirche und die Kunst. Einige Familienmitglieder ergriffen den Beruf des Kunsthändlers, andere waren wie van Goghs Vater als Pfarrer tätig. Vincent selber war ebenso erst als Kunsthändler in London und Paris tätig, dann wollte er Theologie studieren und Pfarrer werden. So zog er nach Belgien und arbeitete dort in einem Gebiet des Kohleabbaus als Laienprediger. Die Menschen erzählten ihm von ihren Sorgen und Nöten. Vincent hörte den Bergmännern und ihren Familien geduldig zu, veranstaltete Bibelstunden und pflegte Kranke. In dieser Zeit zeichnete Vincent viele Bilder von seinen bedrückenden Eindrücken. Vincent verschenkte seinen ganzen Besitz, sodass er selber schon bald nur noch unter einfachsten Bedingungen und nicht immer gesund leben konnte. Oftmals bekam er von seinem jüngeren Bruder Theo Geld geschickt. Theo war für Vincent van Gogh sehr wichtig. Er unterstützte seinen großen Bruder treu und fürsorglich. Vincent schrieb ihm viele Briefe – nicht immer waren sie freundlich! An manchen Tagen brachte der Postbote gleich zwei Briefe von Vincent an seinen Bruder auf den Weg. Noch heute sind uns etwa 700 Briefe zwischen Vincent und Theo erhalten. Vincent schreibt nicht nur in seiner Heimatsprache Holländisch, später auch in Französisch und Englisch.

Theo war Kunsthändler und unterrichtete Vincent auch über neue Kunstströmungen, Künstler und Techniken, sodass van Gogh sich mit 27 Jahren entschloss Künstler zu werden.

Mit 35 Jahren mietete er in Frankreich das gelbe Haus in Arles als Atelier an. Hier versuchte er einen Neubeginn. Vincent nahm sich vor, gesünder zu leben, regelmäßiger zu essen, ausreichend zu schlafen und sich angemessen zu kleiden. Er zwang sich sogar, das besessene Malen durch Pausen zu unterbrechen. Doch schon bald waren die guten Vorsätze vergessen. In einem Brief an seinen Bruder berichtete er, dass er einmal in fünf Tagen hauptsächlich von 23 Tassen Kaffee und Brot gelebt habe. In diesem Frühling malte van Gogh viele Obstgärten und Landschaften. Im März entstand auch das Bild „Mandelblütenzweig im Glas".

Van Goghs Atelier in Arles

Noch im selben Jahr 1888 kam sein Künstlerfreund Gauguin nach Arles, der mit ihm gemeinsam arbeiten wollte. Vincent richtete aufgeregt das ganze Haus her. Er bemühte sich um ein Bett, einen Herd und Zeichentische für seinen erwarteten Gast – das schönste Zimmer des Hauses sollte er bewohnen! Van Gogh litt unter Einsamkeit. Er wünschte sich nichts sehnlicher als eine Malergemeinschaft, die zusammen arbeitete und lebte.

Die beiden Künstler arbeiteten sehr intensiv und redeten viel miteinander. Nach drei Monaten stritten sich die beiden aber so sehr, dass Gauguin abreiste. Van Gogh war so wütend und verzweifelt, dass er sich selber einen Teil seines linken Ohrläppchens abschnitt. Sein Freund, der Briefträger, fand ihn und brachte ihn ins Krankenhaus. Nach diesem Wutanfall verließ van Gogh freiwillig das gelbe Haus und holte sich Hilfe von einem Arzt. Er lebte in einer psychiatrischen Anstalt, in der er aber weiter malte.

Wutausbrüche gehörten zu van Goghs Leben genauso dazu, wie das besessene Malen von Bildern. Seine Geisteskrankheit zeigte sich immer wieder in Attacken, die das Malen unmöglich machten.

Auch in der Anstalt erkundete er die Umgebung und suchte in der Natur seine Motive. Doch immer noch plagten ihn Verzweiflung, Wut und Angst. Er konnte seine Gefühle nicht mehr steuern und erschoss sich am 29. Juli 1890 auf einem seiner Spaziergänge mit einer Pistole.

Van Gogh hinterlässt uns über 2100 Gemälde.

# Vincent van Gogh und seine Zeit

Zu van Goghs Lebzeiten gab es einen großen Aufschwung im Bereich der Naturwissenschaft und im Bereich der Technik. Viele Entdeckungen und Erfindungen wurden gemacht, zum Beispiel die Röntgenstrahlen und der Dieselmotor.

Zu van Goghs Zeit lebte auch Alfred Nobel. Ungefähr 1866 wurde durch ihn das Dynamit erfunden, mit dem man Sprengzünder herstellen kann. Nach ihm wird heute noch ein wichtiger Preis benannt, der Nobelpreis. Er wird an Personen überreicht, die im jeweils vergangenen Jahr der Menschheit einen großen Nutzen erwiesen haben.

Dass van Gogh einen regen Briefverkehr per Post mit seinem Bruder Theo hatte, wissen wir aus vielen Überlieferungen genau. Dass er aber auch schon den Fernsprecher zum Telefonieren benutzt hat, ist eher unwahrscheinlich. Dieser war 1876 durch Alexander Graham Bell erfunden worden und wurde im Alltag erst langsam in Gebrauch genommen.

Die Erfindung elektrischer Züge und elektrischer Glühlampen fiel in die Zeit um 1879. Dies war ungefähr die Zeit, als van Gogh seine künstlerische Laufbahn einschlug.

Im Jahr 1887 wird in Paris mit dem Bau des Eifelturms begonnen. Erst zur Weltausstellung 1889 wurde dieser imposante Turm, der noch heute eine Touristenattraktion ist, fertiggestellt.

Berühmte Musiker haben auch in der gleichen Zeit gelebt wie Vincent van Gogh: Franz Liszt, Richard Wagner, Johannes Brahms, Jaques Offenbach, Georges Gershwin und viele andere. Theodor Fontane und Theodor Storm waren Schriftsteller, die damals lebten und ebenso wie van Gogh auch heute noch berühmt sind.

Politisch war es eine sehr unruhige Zeit, in die Vincent van Gogh hineingeboren wurde. Besonders der Deutsch-Französische Krieg (1870/71), die damit verbundenen Schrecken und die Weltwirtschaftskrise waren für die Bürger aller Länder eine harte Zeit. Während in Deutschland von 1871 bis 1890 Bismarck erster Reichskanzler des Deutschen Reiches war, herrschte zu Zeiten van Goghs in Frankreich, dem Land, wo van Gogh sich lange aufhielt, Napoleon III. Man darf ihn nicht verwechseln mit dem berühmten Napoleon Bonaparte, der schon tot war, bevor van Gogh geboren wurde.

# Vincent van Gogh – Zeitleiste

**1853** — Vincent van Gogh wird am 30. März im niederländischen Ort Zundert geboren.

**1873** — Vincent van Gogh arbeitet in London im Kunsthandel.

**1875** — Vincent wird Missionar in Belgien. Dann entscheidet er sich Künstler zu werden.

**1886** — Van Gogh studiert in Paris. Er lernt moderne französische Künstler kennen.

**1887** — Erste Ausstellung (gemeinsam mit Seurat, Gauguin und Cézanne)

**1888** — Im Februar zieht Vincent nach Arles. Er malt viel. Seine Motive findet er in der Natur.

Im März malt van Gogh das Bild „Blühender Mandelbaumzweig in einem Glas".

Im Oktober besucht ihn sein Künstlerfreund Gauguin.

Nach einem Streit reist Gauguin am 23.12.1888 ab. Van Gogh schneidet sich einen Teil des Ohrläppchens ab.

**1890** — Vincent van Gogh schießt sich in die Brust und stirbt zwei Tage später am 29. Juli.

Vincent van Gogh im Alter von 19 Jahren

Selbstbildnis mit verbundenem Ohr, 1889

# Die Unterrichtseinheit:
# Blühender Mandelbaumzweig in einem Glas

## Thema

*Blühender Mandelbaumzweig in einem Glas*
von Vincent van Gogh, 1888
– Erstellen einer Gemeinschaftsarbeit:
Ausschnittvergrößerung

## Klasse  3.–4. Klasse

## Zeitbedarf  4–6 Stunden

## Medien/Materialien

- Overheadprojektor
- Deckfarben, Deckweiß/Ölpastellkreiden
- Unterlage
- evtl. großen Fotokarton als Untergrund für die Gemeinschaftsarbeit
- Plakatkarton für die Zielscheibe in der Reflexion

## Kopien

- Farbfolie des Werkes
- KV 1 Vorübung: Vergrößerung eines Astes
- KV 2 Rasterunterlage für das eigene Bild
- KV 3 Bildteile mit Raster (Farbkopie)
- KV 4 Zielscheibe

## Mögliche Ziele, die mit dieser Einheit erreicht werden können

- Die Kinder erschließen sich die Malweise van Goghs durch intensive Auseinandersetzung mit einem Ausschnitt des Werkes.
- Sie entwickeln die Fähigkeit, mit anderen Beiträge für gemeinsame Vorhaben zu planen und zu realisieren (Teamfähigkeit, Kooperationskompetenz).
- Sie erweitern ihre Kommunikations- und Reflexionskompetenz über Gestaltungsprozesse und -produkte.
- Sie lernen, eine Vergrößerungstechnik für den Gestaltungsprozess zu nutzen.
- Sie können im Gestaltungsprozess unterschiedliche Farben anwenden, kombinieren und verfeinern

## Mögliche Vorgehensweise

Um gewinnbringend in dieser Einheit arbeiten zu können, hat es sich als hilfreich erwiesen, folgende Übung in Einzelarbeit als Vorbereitung durchzuführen:

Vergrößerung eines Astes (KV 1)

Gut wäre es auch, vorher noch einfachere Formen wie Quadrate, Dreiecke oder Häuser vergrößern zu lassen.

### Einstieg durch Präsentation des Werkes

- Die Kinder sehen einen Mandelblütenzweig mit Knospen in einer Vase und hören dazu diese Geschichte:

„Was für ein herrlicher Frühlingstag", denkt Vincent van Gogh, als er eines Morgens durch den Park geht. „Der Himmel ist blau. Die Vögel zwitschern so schön. Was war das vor ein paar Wochen noch für ein trauriger Anblick. Die Landschaft grau in grau, die Sonne so kraftlos. Und die Bäume so trist, die Äste so kahl. Kein grünes Blättchen war zu sehen. Auch meine Stimmung war trüb. Aber jetzt! Da regt sich was. Vorsichtig lugt ein erstes Knospenstückchen vorwitzig aus dem Ast hervor! Der Baum erwacht! Plötzlich wird alles lebendig. Es dauert nicht lange, da springen die ersten Knospen auf. Dann noch eine und noch eine. Die Blütenblätter entfalten sich. Die Blüten begrüßen den Frühling. Und schon bald steht der Baum in seiner vollen Pracht. Vergessen ist der Winter. Die Erde erstrahlt in neuem Licht. Alles wirkt hell. Solche schönen Momente muss man in einem Bild festhalten", denkt Vincent van Gogh und setzt beschwingt seinen Frühlingsspaziergang fort.
Vielleicht hat Vincent van Gogh einen Ast von dem Baum mitgenommen. Sicher ist aber, dass er einen Mandelblütenzweig im März des Jahres 1888 gemalt hat. Heute ist van Gogh ein berühmter Künstler und in der ganzen Welt bekannt.

- Die Kinder sehen die Projektion (OHP) des Werkes von van Gogh und äußern sich zunächst spontan dazu. An dieser Stelle erhalten die Kinder Informationen über den Künstler.
- Das Augenmerk der Kinder wird (evtl. mithilfe einer Papierlupe) auf die Blüten des Baumes gelenkt. Die unterschiedliche Ausdifferenzierung der Blüten steht hierbei im Vordergrund.

**Gestaltungsaufgabe**

- Die Kinder erfahren, dass immer vier Kinder als Gemeinschaftsarbeit das Bild *Blühender Mandelbaumzweig von van Gogh* vergrößert malen sollen.
- Jedes Kind der Vierergruppe erhält einen Bildteil in klein (KV 3).
- Als Anhaltspunkt für ihre Vergrößerung erhalten die Kinder ein Raster (KV 2) und befestigen es mit Büroklammern unter ihrem Malblatt (DIN A4).
- Folgende Kriterien werden sukzessive mit den Kindern erarbeitet:
  - Farbe und Form sollen möglichst genau nachempfunden werden;
  - die Übertragung der Größenverhältnisse soll durch Nutzung des Rasters möglichst genau sein;
  - durch Absprachen soll ein Gesamtwerk entstehen, das an den Schnittstellen möglichst nahtlose Form- und Farbübergänge hat.
- Bevor die Kinder mit dem Malen beginnen, besprechen sie, wer welche Anschlussstellen mit welchem Kind aus der Gruppe hat. Auch tauschen sie sich über Schwierigkeiten der Form- und Farbgebung aus und treffen Absprachen.

  Hilfreich kann sein, die Formen mit dem Finger zuerst auf dem Raster vorzuspuren, um ein Gefühl für die Position der Linien zu erhalten.

- Die Kinder führen die Vergrößerung mit Deckfarben oder Ölpastellkreide durch.
- Nach dem Trocknen (ggf.) werden die Bilder geschnitten und probeweise aneinandergesetzt. Die Anschlussstellen werden überarbeitet, die Gesamtwirkung im Hinblick auf den Farbeinsatz wird besprochen und die Teilstücke werden diesbezüglich noch verbessert.

Lesevortrag
- spiele mit
- Punkt:
Pause

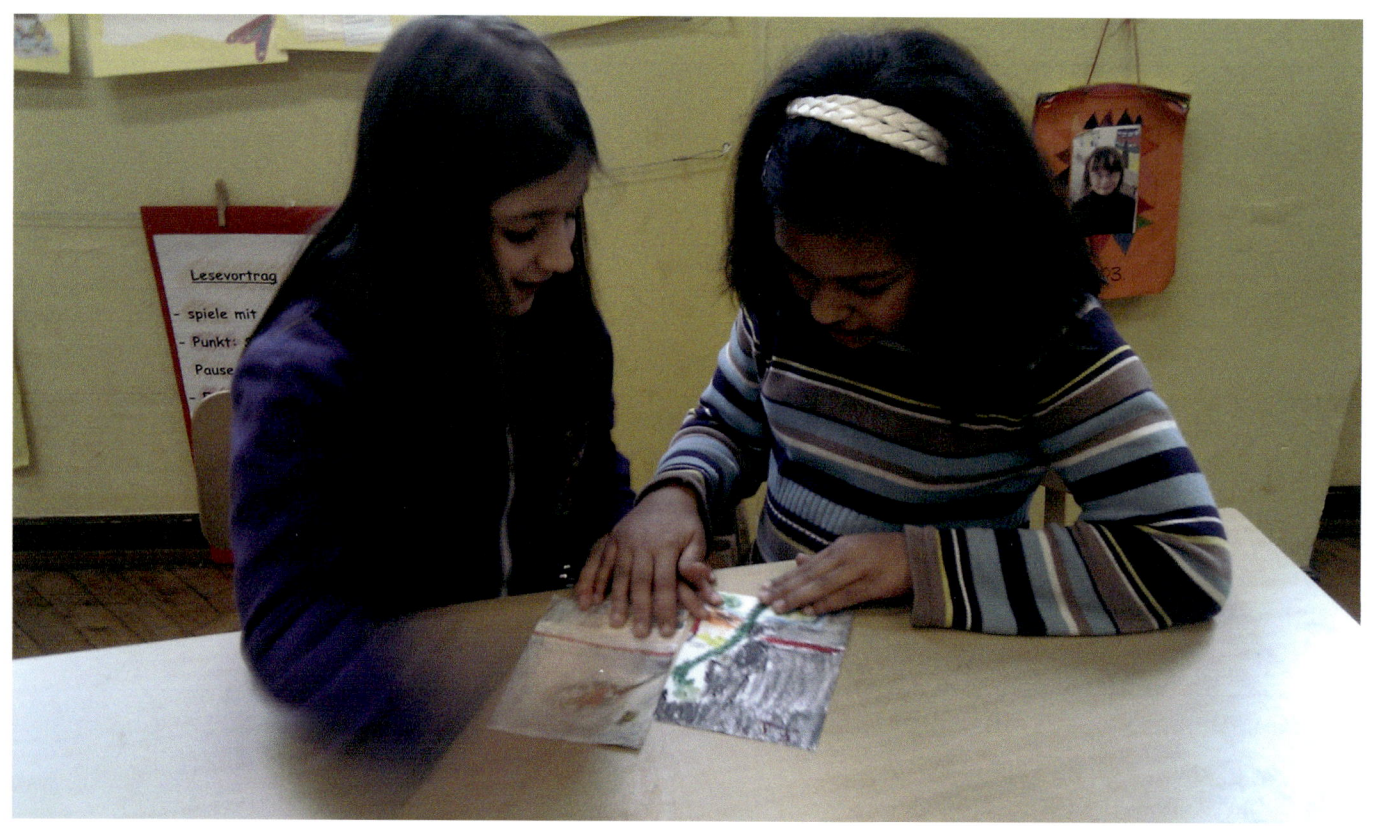

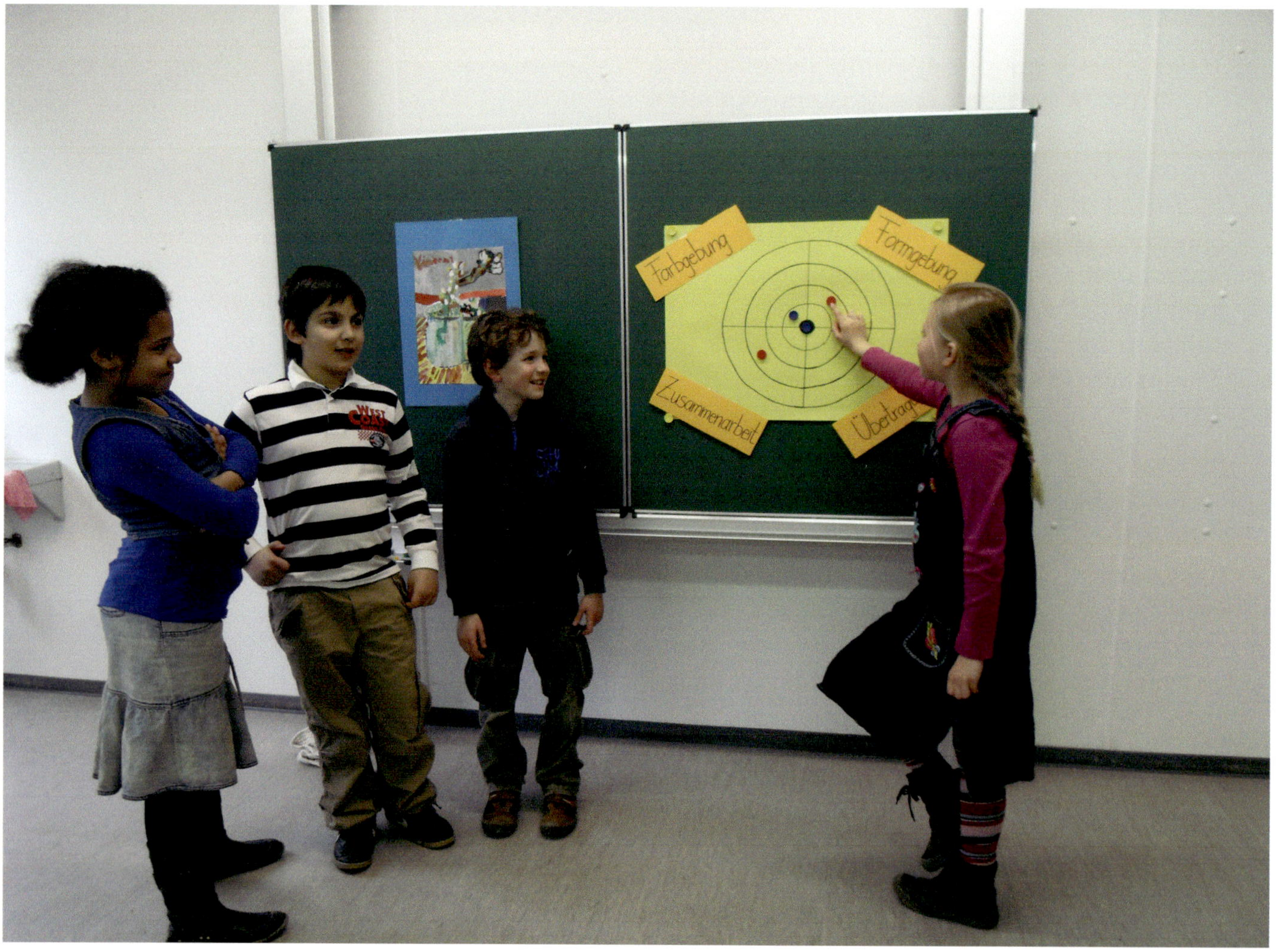
Farbgebung
Formgebung
Zusammenarbeit

## Präsentation und Reflexion

Die Kinder nehmen als Gruppe eine Selbsteinschätzung ihres Gesamtwerkes vor. Dazu benutzen sie die Zielscheibe mit den vorab transparent gemachten Kriterien (KV 4). Die Gruppe überlegt für sich an dieser kleinen Zielscheibe, wo sie sich bzgl. eines jeden Kriteriums positionieren möchte.

Dann wird eine große Zielscheibe an die Magnettafel gehängt. Eine Gruppenarbeit wird dazu gehängt. Die Gruppe erklärt ihre Einschätzung. Die anderen Kinder bestätigen diese Einschätzung oder begründen ihre abweichende Meinung.

Kriterien sind:
- Farbgebung
- Formgebung
- Übertragung (von klein nach groß)
- Zusammenarbeit (Absprachen)

## Möglichkeiten der Leistungsbeurteilung

Neben Neugier, Offenheit, Kommunikations- und Reflexionskompetenz werden in dieser Einheit besonders berücksichtigt:

- Ausdrucks- und Aussagekraft einer künstlerischen Lösung **(Wirkung)**
- Umgang mit Materialien **(Sorgfalt/Genauigkeit)**
- Absprachen **(Kooperation)**

# Bild 1

- Das Gesamtwerk ist ästhetisch ansprechend und eindrucksvoll.
- Durch Kooperation und Absprachen in der Gruppe wurde ein sehr stimmiges Ergebnis erreicht.
- Alle Kinder in der Gruppe erzielten bei der Übertragung ihres Bildausschnittes von klein nach groß gelungene Ergebnisse. Größe und Position der einzelnen Bildelemente wurden maßstabsgetreu wiedergegeben. Die Signatur ist etwas zu groß geraten.
- Sowohl die Form der Vase als auch die des Blütenastes wurden gut nachempfunden. Auch die Hintergrundgestaltung lässt charakteristische Merkmale des Originalwerkes wiedererkennen. Erwähnenswert ist in diesem Zusammenhang zum Beispiel der richtig wiedergegebene Duktus der Pinselführung in Vase und Tisch.
- Die Farbwahl ist teilweise kräftiger als im Original. Besonders fallen hier der Blütenzweig rechts oben und der Tischteil links unten ins Auge. Die Transparenz der Vase ist gut gelungen. Der markante rote Strich des Hintergrundes hätte durch Kooperation noch genauer farblich abgestimmt werden können.
- Im unteren linken Bildteil wird der insgesamt sorgfältige Eindruck des Gesamtwerkes etwas beeinträchtigt.

## Bild 2

- insgesamt stimmige Gesamtkomposition
- gelungene Absprachen im oberen Teil besonders ersichtlich (Zweig, Vasenöffnung, roter Strich)
- Öffnung der Vase nicht durchgängig gestaltet
- einige Details weichen von der Vorlage ab (starker schwarzer Stich, Stiel in der Vase, Tischfläche unten rechts)
- Zartheit der Knospen und Blüten überzeugend dargestellt

## Bild 3

- gelungene, maßstabsgetreue Übertragung der einzelnen Elemente
- Gesamtwirkung durch teilweise sehr vereinfachte Wiedergabe einzelner Elemente (Vase, Blüten, Tisch) etwas beeinträchtigt
- insgesamt gute Kooperation; Vasenöffnung und -anschluss hätten jedoch genauer dargestellt werden können
- nicht durchgängig sorgfältige Ausgestaltung der einzelnen Bildteile

## Bild 4

gemalt mit Ölpastellkreide
- Farbmischungen durch Übereinanderlegen von verschiedenen Farbtönen; Farbgebung nicht so zart wie bei dem Original van Goghs
- ausdrucksstarke Gesamtwirkung des Bildes
- Stiftführung im Bildteil unten links (Vase) zu kräftig und farblich abweichend
- Kooperation und Größenübertragung besonders im oberen Bereich des Bildes sehr überzeugend
- in allen vier Bildteilen sorgfältige Ausgestaltung

# Vorübung: Vergrößerung eines Astes

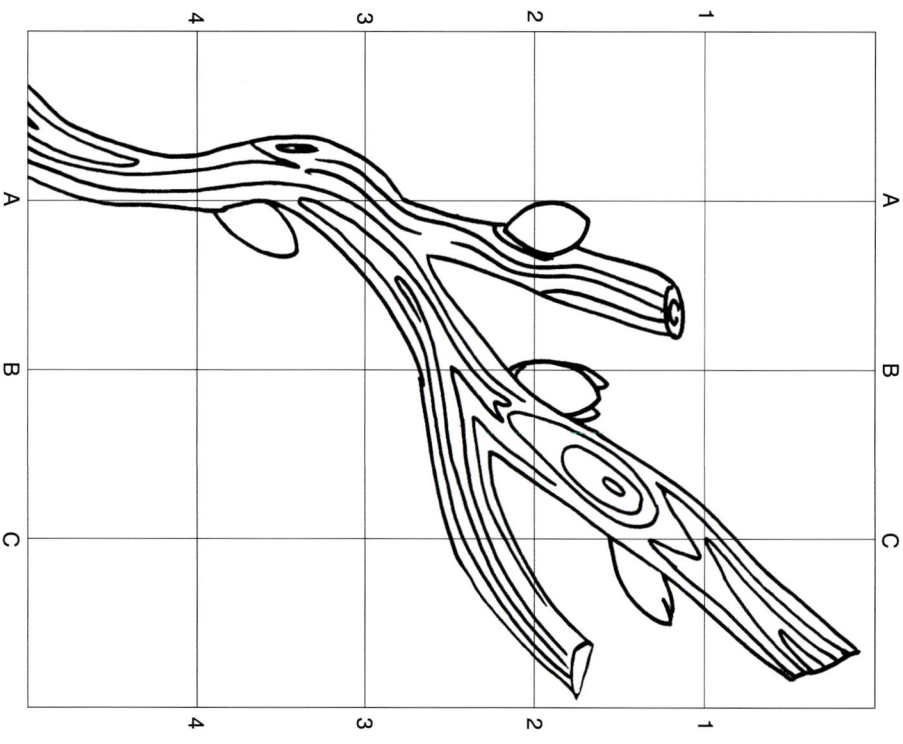

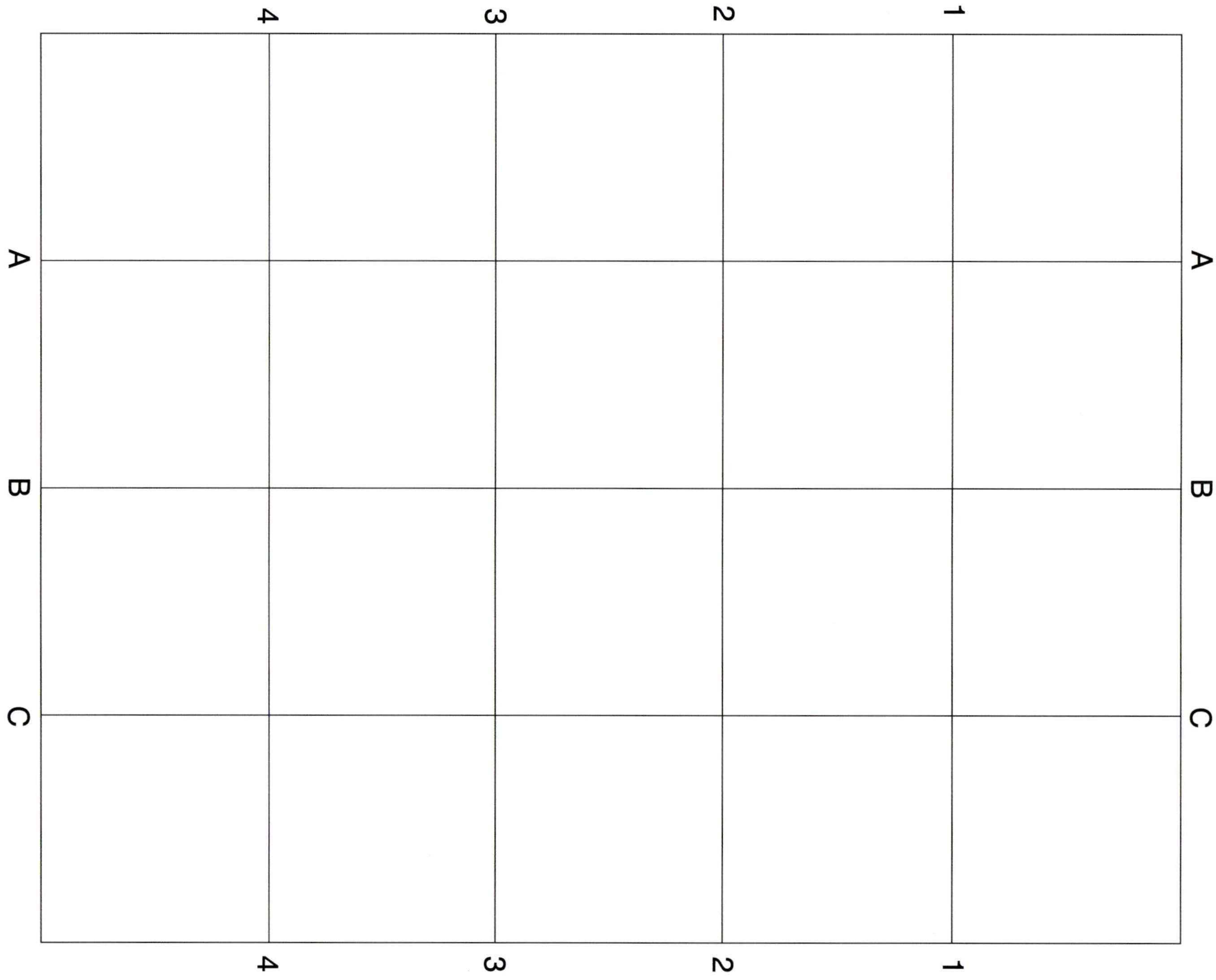

# Rasterunterlage für das eigene Bild

A B C

1 1

2 2

3 3

A B C

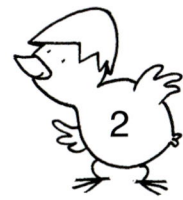

# Bildteile mit Raster

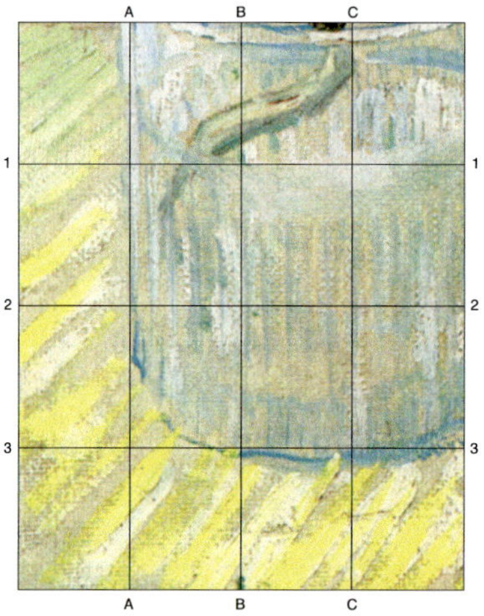

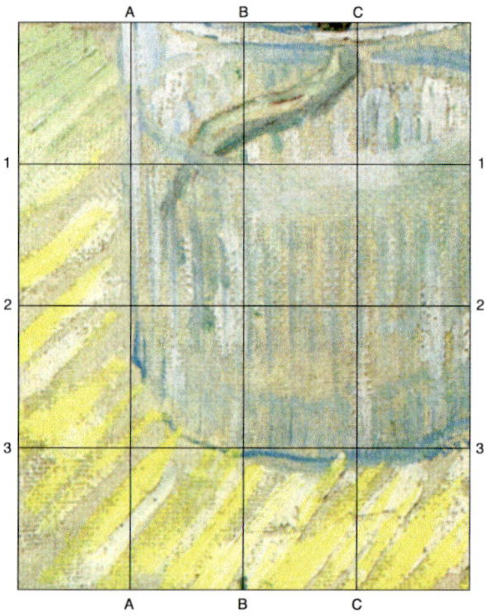

# Zielscheibe zur Selbsteinschätzung

Aufgabe:

 Entscheidet in der Gruppe, wie ihr eure Gemeinschaftsarbeit einschätzt. Setzt in jedes der vier Felder ein Kreuz, je nachdem, wie ihr euer Bild nach den Kriterien beurteilt.

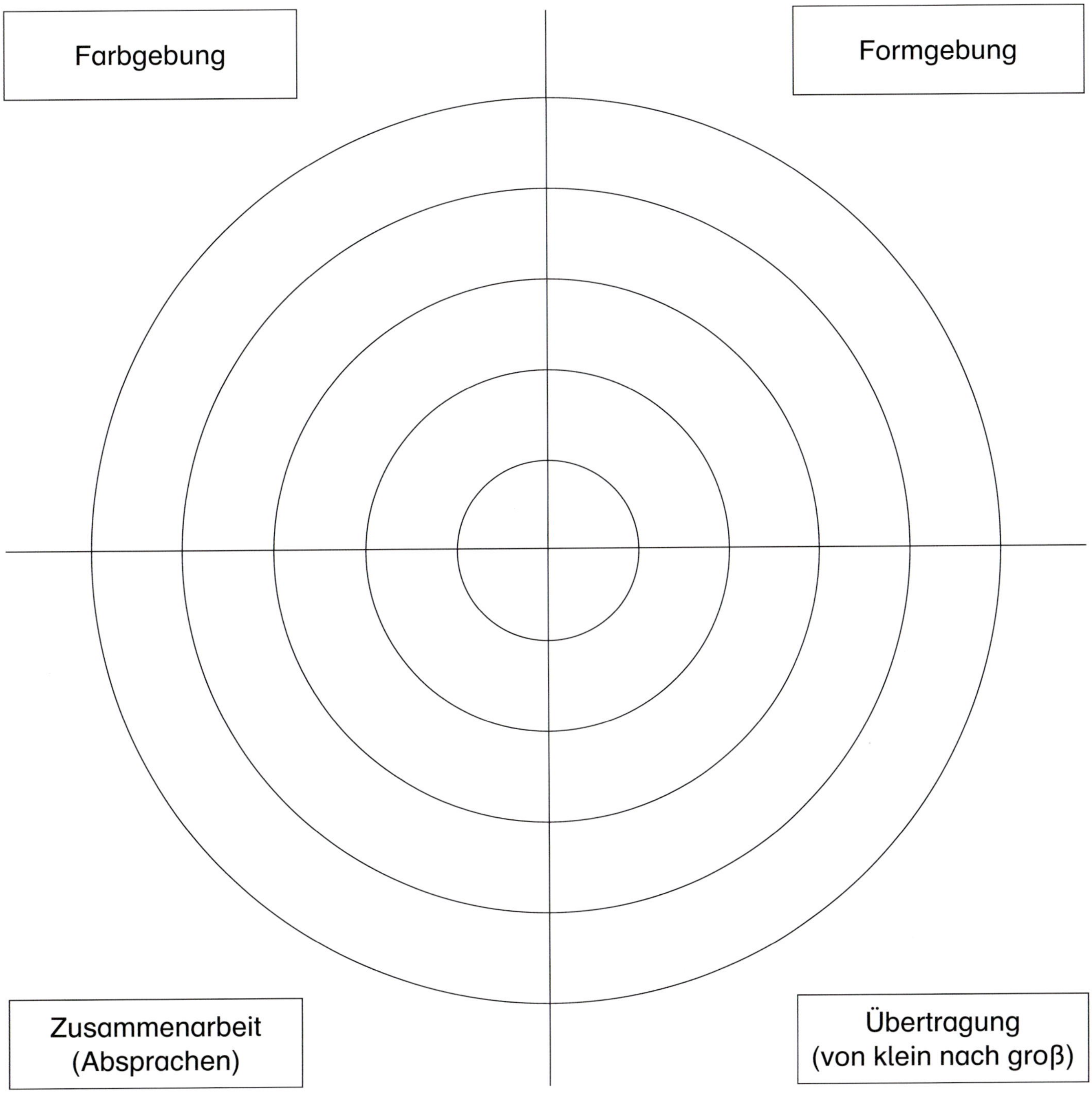

| Farbgebung | Formgebung |

| Zusammenarbeit (Absprachen) | Übertragung (von klein nach groß) |

# Der Frühling – René Magritte (1)

Der Frühling © VG Bild-Kunst, Bonn 2010

Aufgabe:

Schau dir das Bild von René Magritte genau an. Was verwundert dich an diesem Bild?

_____

_____

_____

_____

_____

# Der Frühling – René Magritte (2)

Stell dir vor: Der Vogel fliegt nun weiter über eine Frühlingswiese. Du siehst viele Blüten von oben. Sie sehen aus wie ein dichter Blütenteppich.

Aufgaben:

1.  Male ein ähnliches Bild wie Magritte. Male statt der Bäume bunte Blumen. Diese malst du auf ein weißes DIN-A5-Papier. Fülle das Blatt mit vielen kleinen Blüten aus. Es soll kein Weiß mehr zu sehen sein. Nun sieht das Blatt wie ein Blütenteppich oder ein Blütenmuster aus.

2.  Schneide daraus eine Frühlingswiese und auch den Vogel aus. Nutze für den Vogel die Schablone.

3.  Klebe die Wiese und den Vogel auf einen blauen Hintergrund.

4.  Zum Schluss suchst du noch einen Platz für das ausgeschnittene und angemalte Nest. Klebe es auf.

Du brauchst:
- Bunt- oder Filzstifte
- Schere, Kleber
- hellblaues Hintergrundpapier DIN-A4 (ggf. die Höhe etwas kürzen)

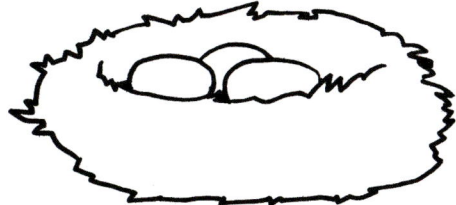

Hinweis:
Bei DIN-A4-Hochformat bieten sich Bunt- und Filzstifte zur Ausgestaltung der Wiese und des Vogels an. Bei DIN-A3-Format können die Bildelemente mit Wachsstiften und Ölpastellkreiden ausgestaltet werden.

# Rotes Bild – Nils-Udo (1)

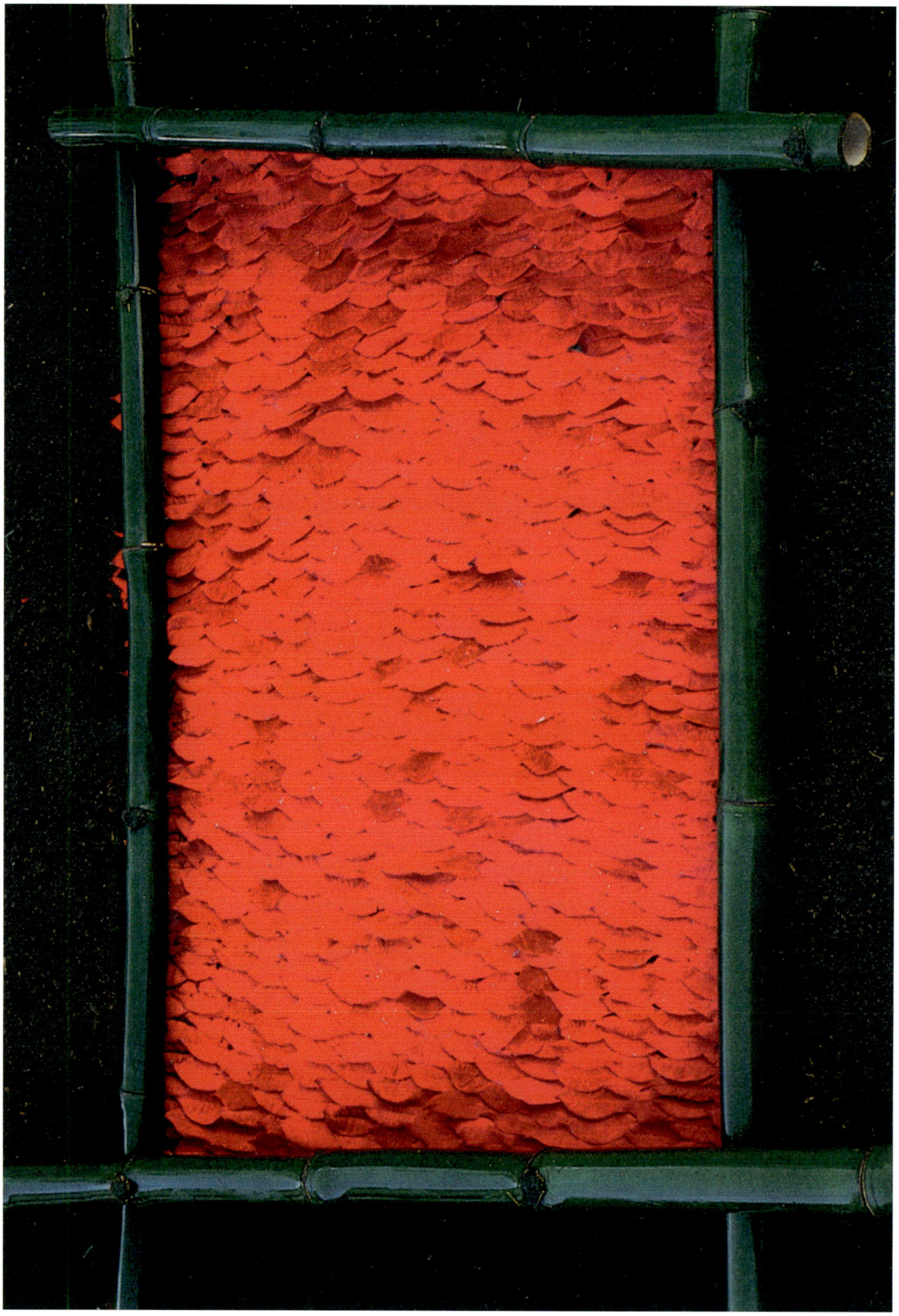

Nils-Udo
ROTES BILD
Euphorbia pulcherrima, Bambusrohr
Île de la Réunion, 1998
Fujiflex auf Aluminium, 100 × 150 cm, 5 Exemplare

# Rotes Bild – Nils-Udo (2)

Aufgaben:

1.  Schau dir das Werk *Rotes Bild* von Nils-Udo in Ruhe an.

2.  Du sollst, so ähnlich wie der Künstler, auch mit Naturmaterial arbeiten und damit eine Postkarte (wie oben) gestalten.
Welches Naturmaterial möchtest du für den Rahmen wählen? Und welches für die eingerahmte Fläche? Entscheide dich und sammle in deiner Umgebung Material, das auf der Erde liegt. Zum Beispiel: kleine Blätter und Blütenblätter, Moos, Rinde, Tannenzweige, Stängel, Erde, kleine Äste, Federn, Gräser … Die gefundenen Materialien kannst du auch teilen.

3.  Auf die Postkarte klebst du doppelseitiges Klebeband, sodass ein schmaler weißer Rand übrig bleibt.

4.  Lege auf die Klebefläche mit dem Material zuerst einen Rahmen, wie es Nils-Udo mit Bambusrohren gemacht hat. Es eignen sich beispielsweise Blumenstängel, breite Grashalme oder kleine Äste.

5.  Nun füllst du die Klebefläche mit deinen Naturmaterialien nach eigener Idee.

 **Tipp:**
Wenn du unsicher bist, probiere zunächst auf einer Vorlage aus, wie du deine Ordnung gestalten möchtest.

# Papageien-Tulpen – Henri Matisse (1)

Papageien-Tulpen (1905), Henri Matisse

# Papageien-Tulpen – Henri Matisse (2)

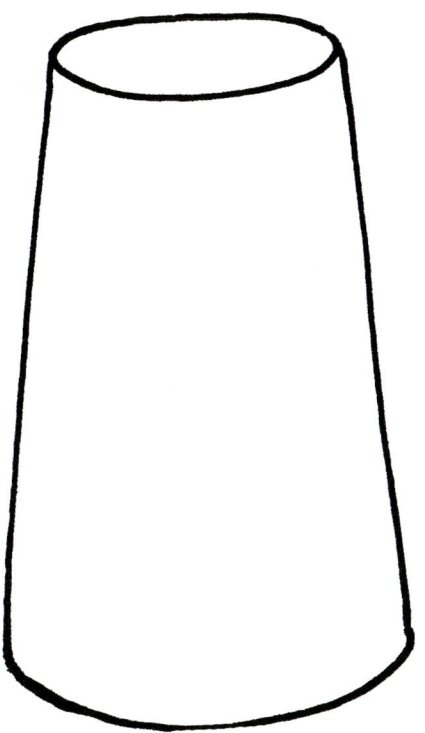

Aufgaben:

Wir gestalten das Bild von Matisse nach:

1. Für die Decke besorgst du dir ein Stück Stoff von ungefähr 30 cm × 20 cm Größe. Suche für die Decke einen Platz auf deinem Zeichenblockblatt (DIN-A3) und zeichne die Umrisse der Decke vorsichtig auf. Lege die Decke zur Seite.

2. Gestalte den Hintergrund. Male mit kräftigen, kurzen Pinselstrichen – ähnlich wie Matisse. Den Teil der Decke kannst du auslassen.

3. Schneide aus dünnem Filz einen passenden Untersetzer aus.

4. Die Vase schneidest du mithilfe der Schablone aus weißem Tonpapier aus und bemalst sie.

5. Klebe das Stoffstück und die Vase auf. Lass den Rand der Vase dabei oben offen.

6. Sammle Tulpenbilder aus Gartenkatalogen, am besten von Papageientulpen.

7. Stecke die ausgeschnittenen Tulpen in die offene Vase. Verfahre ebenso mit anderen Blumen und arrangiere sie zu einem schönen Strauß. Wenn du keine so großen Blumenbilder zur Verfügung hast, dann male die Blumen selbst in die Vase.

# Gedicht: Raus

**Raus**

Mitten im Winter stolpert der Frühling herein.

„Raus hier", schrie der Winter und versetzte ihm einen Tritt.

Der Frühling drehte sich noch mal um und sagte:

„Na warte!"

*Jürgen Spohn*

Aufgaben:

1. Lies das Gedicht mit deutlicher Betonung.
2. Überlegt euch zu zweit, wie das Gedicht weitergehen könnte.
3. Spielt das Gedicht mit eurem Schluss anderen Kindern vor.

# Gedicht: Frühling

**Frühling**

Eines Morgens
ist der Frühling da.
Die Mutter sagt,
sie _____ ihn in der Luft.

Pit _____ den Frühling.
An den Sträuchern im Garten
sind hellgrüne Tupfen.
Anja _____ den Frühling.
Neben ihr, auf dem Dach,
singen die Vögel.

Unten vor dem Haus
steigt Vater in sein Auto.
Er _____ den Frühling.
Die Sonne scheint warm auf sein Gesicht.

Aber _____
kann man den Frühling
noch nicht.
Bis die Erdbeeren reif sind,
dauert es noch lange.

*Christine Nöstlinger*

| fühlt |
| hört |
| schmecken |
| riecht |
| sieht |

Aufgabe:

 Setze die richtigen Verben ein.

# Gedicht: Die Tulpe

**Die Tulpe**

Dunkel
war alles und Nacht.
In der Erde tief
die Zwiebel schlief,
die braune.

Was ist das für ein Gemunkel,
was ist das für ein Geraune,
dachte die Zwiebel,
plötzlich erwacht.
Was singen die Vögel da droben
und jauchzen und toben?

Von Neugier gepackt,
hat die Zwiebel einen langen Hals gemacht
und um sich geblickt
mit einem hübschen Tulpengesicht.

Da hat ihr der Frühling entgegengelacht.

*Josef Guggenmos*

Becken, Triangel, Pauke, Handtrommel, Xylofon, Glockenspiel, Metallofon, Rassel, Klangstäbe, Hand-Cymbeln

Aufgaben:

1. Lies dir das Gedicht erst leise durch.

2. Lies es dann noch einmal halblaut. Achte dabei auf den Klang der Wörter und Sätze.

3. Überlegt in kleinen Gruppen, mit welchen Instrumenten man das Gedicht verklanglichen könnte.

4. Einigt euch und schreibt den Namen der Instrumente neben die entsprechenden Zeilen.

5. Überlegt, wer welches Instrument nimmt. Lest das Stück mit Instrumentenbegleitung vor. Übt es mehrmals.

6. Führt euer Ergebnis anderen Gruppen vor.

Ein Sonntagnachmittag auf der Insel „La Grande Jatte" (1884–86), Georges Seurat

# Sommer in der Kunst

## Titel: Ein Sonntagnachmittag auf der Insel „La Grande Jatte", 1884–86
## Künstler: Georges Seurat

# Das Bild

Das Bild *Ein Sonntagnachmittag auf der Insel „La Grande Jatte"* malte Georges Seurat in der Zeit von 1884 bis 1886. Es ist ein Ölgemälde und hängt heute in den USA, in einem Museum in Chicago. Besonders auffällig ist seine Größe. Es ist ungefähr 2 m hoch und 3 m breit. Einige Figuren sind darauf fast lebensgroß dargestellt.

Lässt man seinen Blick über das große Bild schweifen, so erkennt man sofort eine Parklandschaft an einem Fluss und viele Menschen, die auf verschiedenste Weise ihren Freizeitvergnügungen nachgehen. Der Fluss ist die Seine, die durch Paris fließt. Die Parklandschaft befindet sich auf einer kleinen Seine-Insel, „La Grande Jatte" genannt. Vom Seine-Ufer aus wurde man mit einer Fähre dorthin übergesetzt.

Man sieht eine ganz gemischte Gesellschaft von Gruppen oder Paaren, aber auch einzelne Kinder oder Erwachsene, Alt und Jung: Alle wollen sich hier am Wasser und im Park erholen. Normalerweise würde man hier ein lustiges Treiben erwarten mit viel Bewegung, Sport und Spiel. Doch das Bild erinnert eher an eine gestellte Momentaufnahme eines Fotos. Alle Figuren scheinen in ihrer Bewegung fast wie erstarrt. Verhaltene Aktivitäten erkennt man an dem seilspringenden Kind, dem Posaunenspieler und den Ruderern.

Die einzelnen Menschen innerhalb einer Gruppe, die Paare untereinander und auch die übrigen Menschen auf dem Bild scheinen nichts miteinander zu tun zu haben. Sie schauen sich nicht an, sprechen nicht miteinander und treten nicht in Kontakt zueinander. Fast alle haben die gleiche Blickrichtung, fast alle blicken vom Betrachter aus nach links. Beinahe teilnahmslos sehen sie aus. Still, würdevoll und geduldig stehen sie da. Jeder scheint mit dem Platz, den er auf dem Bild erhalten hat, zufrieden zu sein. Vielleicht hat auch deshalb Seurat beim Malen weitgehend auf Überschneidungen der Figuren verzichtet.

Sofort ins Auge fallen die Figurengruppen im Vordergrund. Auffällig ist schon durch seine Größe das für uns extravagante Paar rechts im Bild mit Schirm, Zylinder und Äffchen an der Leine. Auch auf die Gruppe der im Gras sitzenden Personen links vorne richtet sich das Augenmerk schnell. Vielleicht ist der Mann im Vordergrund mit dem ärmellosen Hemd ein Bootsmann, der ein feines Paar zu einem Sonntagsausflug auf die kleine Insel gebracht hat?

Besonders bedeutsam ist aber für Seurat die Frau mit dem kleinen Kind. Beide hat er genau in der Mitte des Bildes platziert und sie so zum Mittelpunkt des Bildes gemacht. Von dem weißen Kleidchen des Kindes geht eine besondere Strahlkraft für das ganze Bild aus. Die weiße Farbe steht in der Kunst oft für Reinheit und Unschuld und könnte auch hier diese Bedeutung haben.

Wenn man mit leicht zugekniffenen Augen über das Bild schaut, entdeckt man viele weiße Flecken, die das Bild lebendig machen und Licht in die Gesamtkomposition des Werkes bringen. Betrachtet man die Kleidung der einzelnen Personen, so erkennt man, dass nicht bunte, farbenfrohe Töne verwendet wurden, sondern eher Blau-Grün-Töne und Rostrot. Die Kleidung der meisten Leute ist elegant. Viele Frauen haben einen Sonnenschirm auf.

Das Bild ist von Seurat sehr genau in Vordergrund, Mitte und Hintergrund eingeteilt worden. Von großer Bedeutung sind für Seurat auch die Schatten, die er für seine Gesamtkomposition gezielt einsetzt. Sie stimmen nicht immer mit der Wirklichkeit überein.

Interessant ist auch die Technik, mit der Georges Seurat dieses Bild gemalt hat. Weil Seurat hier viele kleine Pinselstriche fast wie Punkte aneinandergesetzt hat, nennt man diese Stilrichtung auch Pointillismus (point: gesprochen poä = Punkt). Und weil die Kunstrichtung aus dem Impressionismus entstanden ist und ihn weiterentwickelt hat, nennt man diese Richtung auch Neoimpressionismus oder Neuimpressionismus.

# Der Künstler Georges Seurat

George Seurat wurde am 2. Dezember in Paris geboren. Durch seinen Onkel wird er schon früh mit der Malerei vertraut gemacht. Er besucht Zeichenkurse, malt sehr viel und wird 1878 in eine bedeutende Kunstschule von Paris aufgenommen. Hier bleibt er aber nicht sehr lange. Schon bald hat er auch ein eigenes Atelier.

Ende 1879 leistet er für ein Jahr seinen Militärdienst ab. In dieser Zeit, aber auch vorher und nachher, macht Seurat neben Figurenskizzen auch viele Zeichenstudien von Meer, Wellen, Strand und Schiffen. Auf seinen späteren Bildern wird man diese Motive oft wiederfinden.

Ungefähr zu dieser Zeit beginnt Seurat auch, sich für die Farbenlehre zu interessieren. Dazu liest er viele Bücher. Er liest, dass alle Farben im Auge als Lichtwellen ankommen und je nach Farbe unterschiedliche Wellenlängen haben. So kommt er auf die Idee, die Farben nicht mehr zu mischen sondern sie als reine Farben ganz eng wie kleine Punkte nebeneinanderzusetzen. Das Auge stellt dann daraus eine Einheit her und lässt die Farben dabei verschmelzen. Er ist sehr begeistert von seiner Idee und wird nicht müde, darüber mit Freunden zu diskutieren. Der sonst eher ruhige und schüchterne Seurat wird dabei ganz munter und lebendig. Seine Augen funkeln und er begeistert mit seinen Ideen auch viele andere Künstler. Er findet in Paul Signac einen Freund, der sich seiner Malweise anschließt.

Seurat lebt überwiegend in Paris, manchmal reist er auch ans Meer. Er ist bescheiden, sehr diszipliniert und arbeitet nach einer strengen Ordnung. Er lebt zurückgezogen und gar nicht so, wie man es sich manchmal bei Künstlern vorstellt.

Viele seiner Werke, auch das Bild von der Insel Grande Jatte, sind auf sehr große Leinwand gemalt. 1884 beginnt er, das Bild *Ein Sonntagnachmittag auf der Insel „La Grande Jatte"* zu malen. Im März 1885 vollendet Seurat das Bild. Viel Arbeit hat er in dieses große Werk gesteckt und darin seine neuesten Kenntnisse von der Farbenlehre einbezogen.

Während die Impressionisten mit ihrer Staffelei nach draußen gingen und ihre Eindrücke gleich vor Ort malten, machte Seurat eher Studien draußen in der Natur und benutzte diese Zeichnungen, um damit im Atelier ein Bild zu komponieren, d. h. wohlgeordnet zusammenzustellen.

Auf dem Bild rechts sieht man zum Beispiel eine Studie von der Anglerin, die Seurat im Vorfeld des Bildes gemacht hatte. Auch an den vielen Studien zu dem Äffchen sieht man, wie genau sich der Maler im Vorfeld mit den Einzelheiten des Bildes beschäftigt hat.

Ab 1889 lebt Seurat mit Marianne Knobloch zusammen. Ein Jahr später wird ihr Sohn Pierre Georges geboren. Schon bald darauf, am 29. März 1891, stirbt Seurat plötzlich und unerwartet an einer Angina. Auch sein Sohn stirbt wenig später an der gleichen Krankheit.

# Georges Seurat und seine Zeit

Vor ungefähr 150 Jahren, im Jahr 1859, wurde Georges Seurat geboren. Er starb 1891 mit nur 31 Jahren.

In seiner Zeit war vieles ganz anders als heute. Auf den Straßen war es insgesamt noch nicht so gefährlich. Zwar machten die Kutschen, das Pferdegetrappel und die Menschen mit ihren Handkarren in den Straßen großen Lärm, jedoch gab es noch keine Autos oder Abgase, die einen störten.

Allerdings hatten die beiden Deutschen Gottfried Daimler und Karl Benz 1885 den Explosionsmotor erfunden. Das war eine bedeutsame Erfindung, weil man damit Autos bauen konnte. Das erste Auto, das damit fuhr, sah eher wie eine große Pferdekutsche aus und fuhr nicht schneller als 16 Stundenkilometer. Es ist heute noch im Deutschen Museum in München zu sehen. In Frankreich gab es Autos erst ab 1890.

Wenn Seurat als Kind in seiner Heimatstadt Paris von einem Ende zum anderen wollte, so konnte er dies mit der damals noch von Pferden gezogenen Straßenbahn tun. Später wurde sie eine Zeit lang auch mit Dampf angetrieben, bevor es ab 1881 elektrisch angetriebene Straßenbahnen gab, eine Erfindung, die aus Deutschland kam.

Im Geburtsjahr von Georges Seurat war der Kühlschrank erfunden worden. In Privathaushalten war er aber zu seiner Zeit noch nicht zu finden. Da musste man beim Einkaufen schon gut überlegen, was man kochen wollte, weil man vieles vor allem im Sommer nicht lange aufbewahren konnte.

1872 war der Kaugummi von einem Amerikaner erfunden worden. Ob Seurat ihn schon kannte und ihn gerne mochte, wissen wir nicht. Auch Coca-Cola, 1886 ebenfalls von einem Amerikaner erfunden, war damals noch etwas ganz Besonderes.

Eine der bedeutendsten Leistungen der damaligen Zeit war sicher die Erfindung der elektrischen Glühlampe 1879 durch Edison in Amerika. Zum Kochen benutzte die Familie Seurat aber mit Sicherheit noch einen Kohleherd, da erst 1891 der Elektroherd erfunden wurde.

Als Seurat ungefähr elf Jahre alt war, wurde sein Heimatland Frankreich, und hier ganz besonders auch die Hauptstadt Paris, von 1870 bis 1871 einem schrecklichen Krieg ausgesetzt. Deutschland kämpfte dort mit vielen Truppen gegen Frankreich. Paris wurde von September 1870 bis zum Januar 1871 belagert und die Bevölkerung litt große Not. Die Stadt kapitulierte schließlich und Deutschland gewann so den Deutsch-Französischen Krieg.

# Georges Seurat – Zeitleiste

**1859** — Am 2.12.1859 wird Georges Seurat in Paris geboren.

**1870–1871** — Deutsch-Französischer Krieg

**1871–1881** — Seurat besucht die Pariser École des Beaux-Arts. Er studiert im Louvre die Werke der Alten Meister.

**1879** — Militärdienst – Studien zu Sand, Meer und Schiffen

**1884** — Seurat beginnt mit den Studien zu dem Bild *Ein Sonntagnachmittag auf der Insel „La Grande Jatte"*. Freundschaft mit Paul Signac.

**1885** — Vollendung des Bildes im März.

**1885–1889** — Seurat unternimmt viele Reisen innerhalb Frankreichs.

**1887** — Es formiert sich eine Gruppe von Neoimpressionisten, die alle wie Seurat im pointillistischen Stil arbeiten.

**1889** — Seurat lernt Madeleine Knobloch kennen.

**1890** — Seurats Sohn Pierre Georges wird geboren.

**1891** — Georges Seurat stirbt am 7. Februar im Alter von 31 Jahren.

Georges Seurat, 1888

Selbstbildnis

# Die Unterrichtseinheit:
# Ein Sonntagnachmittag auf der Insel „La Grande Jatte"

## Thema

*Ein Sonntagnachmittag auf der Insel „La Grande Jatte" von Georges Seurat, 1884–86* – Neubearbeitung des Werkes

## Klasse   2.–4. Klasse

## Zeitbedarf   4–6 Stunden

## Medien/Materialien

- Overheadprojektor
- Zeichenblockpapier DIN-A3
- weißes Papier
- Gitter oder kleines Kaffeesieb/Zahnbürste
- Deckfarben
- Pinsel
- Unterlage
- Wattestäbchen oder Bleistiftrücken
- Schere und Kleber

## Kopien

- Farbfolie des Werkes
- KV 1 a,b Figuren mit Sprechblasen
- KV 2 Hut
- KV 3 Malen wie Seurat
- Farbfolie von KV 4 Anglerin
- KV 5 a,b Umrissfiguren
- KV 6 Lob- und Tipp-Bogen

## Mögliche Ziele, die mit dieser Einheit erreicht werden können

- Die Kinder setzen sich mit dem Bild, der Malweise Georges Seurats und mit Deutungsmöglichkeiten des Bildes auseinander.
- Sie lernen die Malweise des Pointillismus kennen und probieren die Technik als grafisches Mittel der Bildgestaltung selbst aus.
- Die Kinder experimentieren mit Farbwirkungen und reflektieren sie.
- Die Kinder erschließen sich das Kunstwerk und setzen es in Bezug zu sich selbst, indem sie eine eigene kreative Verknüpfung zum Kunstwerk herstellen.

## Mögliche Vorgehensweise

### Einstieg

- Jedes Kind erhält eine der vier Figuren bzw. Figurengruppen aus dem Werk (KV 1a und 1b) und wird mit der Fragestellung konfrontiert: *Was könnten die Personen gerade denken oder sagen? Schau dir deine Figur/deine Figuren genau an. Achte auch auf ihre Haltung und ihren Gesichtsausdruck.*
- Die Kinder schreiben in die vorgefertigten Sprechblasen ihre Ideen auf (KV 1a und 1b).
- Anschließend finden sich alle Kinder mit der gleichen Figurengruppe zusammen und tauschen sich über ihre unterschiedlichen Lösungen aus.

### Bildpräsentation

- Danach wird das Kunstwerk im Plenum gezeigt und die o. g. Figurengruppen werden auf dem OHP gesucht.
- Die Kinder äußern sich zum Gesamtwerk. Mögliche Gesprächsaspekte sind:
    - die Größe des Bildes (manche Figuren sind fast in Lebensgröße abgebildet)
    - Kinder auf dem Bild (Bewegung; in Bildmitte leuchtendes Weiß des Kleides)
    - die Kleidung (Hüte, Mode, Schirme)
    - die Beziehungslosigkeit der Personen untereinander
    - die Schattenwürfe
    - die Malweise des Bildes (Pointillismus)
- An dieser Stelle kann man etwas zu dem Künstler sagen oder lesen lassen (siehe S. 35) und vertieft auf die Malweise des Pointillismus eingehen. (KV 2 Hut mit Hintergrund und/oder KV 3 Schirm). Die Wirkung der pointillistischen Malweise kann z.B. durch das Tupfen mit einem Pinsel oder Pinselrücken (sehr feine Tupfen), mit Wattestäbchen oder mit einem Bleistiftende erzielt werden. Auch die Verwendung der Spritztechnik erzeugt eine ähnliche Wirkung.

- Um ein weiteres wesentliches Element des Bildes, die eher statische Sonntagnachmittagssituation, nachzuempfinden, werden von den Kindern die oben thematisierten Figuren (Paar, Frau mit Kind, Musiker) wie im Ausgangswerk zueinander in Beziehung gesetzt und nachgestellt. Die Zuschauer beobachten genau und korrigieren ggf. die Körperhaltung.
- Ein Zuschauerkind kommt nach vorne und erweckt – kontrastierend zum Originalwerk – durch Antippen die einzelnen Figuren nacheinander zum Leben. Die jeweils lebendige Figur spricht den Text der Sprechblase und verstummt anschließend wieder. Weitere Kinder „spielen" ihre Lösungen vor.

### Gestaltungsaufgabe

- Nach den Vorarbeiten zum Pointillismus erfahren die Kinder, dass sie eine neue Sonntagnachmittagssituation schaffen sollen, in der sie selbst auch eine Rolle spielen. *Wähle eine Figur oder Figurengruppe aus, die in deinem Bild vorkommen soll. Der Titel deines Bildes heißt: Mein Sonntagnachmittag an einem Fluß – ich treffe Figuren von Seurat.*

Hintergrund mit Pinsel gespritzt

- Hierzu gestalten die Kinder erst den Hintergrund: Sie fertigen sich selbst Schablonen aus Zeitungspapier an. Damit decken sie einmal den Wiesenteil ab und spritzen das Flussstück blau. Dannach decken sie das Flussstück ab und spritzen das Wiesenstück grün.
- Während der Hintergrund trocknet, wird den Kindern die Anglerin (links im Bild) als stark vergrößerter Ausschnitt auf einer Folie (KV 4) gezeigt. Die pointillistische Malweise wird den Kindern daran verdeutlicht. Auf das Nebeneinander reiner Farben, die im Auge zu gemischten Farbtönen verschmelzen, wird hingewiesen. Eine vorher angefertigte Lupe aus Pappe intensiviert den Blick auf die Details.
- Die Kinder erhalten dann die KV 5a und 5b mit ausgewählten Umrissfiguren (Mutter mit Kind, das Paar mit Äffchen, Posaunenspieler).

Hintergrund mithilfe eines Siebes gespritzt

- Die Kinder gestalten die Personen aus. Dabei nutzen sie die Erkenntnisse aus den Vorübungen zum Pointillismus (s. o.) und schneiden anschließend ihre Figuren aus.
  Um das Ausschneiden zu erleichtern:
  - Schirm und Spazierstock von KV 5a können abgeschnitten und später wieder zusammengesetzt werden.
  - eingeschlossenen Flächen des Musikers (KV 5a) können mit der Hintergrundfarbe getupft werden.
- Die Kinder erhalten den Auftrag: *Suche dir selbst einen Platz auf dem Bild. Wie kannst du mit der Figur von Seurat Kontakt haben? Probiere verschiedene Möglichkeiten aus. Wenn du für die Figur und für dich einen Platz gefunden hast, malst du dich selbst zunächst auf ein weißes Blatt und klebst dich und die andere ausgeschnittene Figur auf.*
  Die Kinder müssen bei ihrer Eigendarstellung nicht mehr den pointillistischen Stil verwenden, auch um den Zeitsprung zu verdeutlichen. Die Kinder können ermuntert werden, das Bild durch weitere Elemente wie z. B. Spielgeräte, Eisverkäufer o. Ä. zu erweitern.
- Zum Schluss tupfen die Kinder einen bunten Rahmen um ihr Bild, wie auf dem Original von Georges Seurat.
- Folgende Kriterien werden sukzessive mit den Kindern erarbeitet:
  - Pointillistische Malweise beachtet: Bei der Figur habe ich wie ein Pointillist die Farbe auf das Bild getupft.
  - Interessante Neuinszenierung: Es wurde eine interessante Idee gefunden, alle Personen zueinander in Beziehung zu setzen.
  - Die einzelnen Flächen wurden sorgfältig gestaltet: Ich habe die ausgeschnittene Figur genau und mit nicht zu großen Tupfen ausgefüllt und beim Spritzen des Hintergrundes sauber gearbeitet.

## Präsentation und Reflexion

An der Tafel steht die Überschrift: Mein Sonntagnachmittag an einem Fluss – ich treffe Figuren von Seurat

Fünf oder sechs ausgewählte Kinderergebnisse werden an die Innenseite gehängt. Mithilfe eines Lob-und Tipp-Bogens äußern sich die Kinder zu gelungenen Aspekten der Werke. Hierbei orientieren sie sich an den zuvor erarbeiteten Kriterien (siehe KV 6). Die Kinder stellen ihre Ergebnisse im Plenum vor. Durch die vorangegangene intensive Auseinandersetzung mit den Kinderbildern wird initiiert, dass alle Kinder zu den Bildern Stellung nehmen können.

Anschließend bekommen die Kinder die Möglichkeit, sich noch frei zu den unterschiedlichen Lösungen zu äußern. Sie beschreiben beispielsweise, wie die Personen zueinander in Beziehung treten oder auch nicht.

## Möglichkeiten der Leistungsbeurteilung

Neben Neugier, Offenheit, Kommunikations- und Reflexionskompetenz werden in dieser Einheit besonders berücksichtigt:

- Malweise des Pointillismus
- Interessante Inszenierung der Sonntagnachmittagssituation
- Sorgfältige Hintergrundgestaltung
- Ausdruck und Aussagekraft der künstlerischen Lösung

### Bild 1

- Die filigrane Hintergrundgestaltung wurde durch den Einsatz eines Siebes bei der Spritztechnik erreicht; sie verleiht dem Bild Ruhe und steht im Kontrast zu der getupften Figur.
- Die Besonderheit der klar konstruierten Bildeinteilung verleiht dem Bild eine eigene Wirkung. Sie unterstützt deutlich die statische Situation. Auch die ursprüngliche Gewichtung der Wiese wird abgeschwächt und gleichgesetzt mit dem Wasser.
- Eine kreative Idee wird bei der eigenen Inszenierung entwickelt, indem der Fluss in die Gestaltung mit einbezogen wird.
- Die Idee des Pointillismus wurde zum Teil umgesetzt. Es werden nicht nur reine Blautöne für das Wasser verwendet, sondern auch Lila-Töne hineingemischt. Dadurch werden besondere Farbeffekte erzielt. Diese gelingen in gleicher Weise bei der Wiese. Dass der Umgang mit der Technik nicht einfach ist, erkennt man an einer Stelle besonders, an der wahrscheinlich durch zu viel Wasser ein Fleck entstanden ist.
- Bei der getupften Kleidung wird die pointillistische Malweise ansatzweise deutlich.
- Insgesamt ist es eine in allen Bereichen (Hintergrund, Ausschneidearbeit, Ausgestaltung der Personen) sehr sorgfältig gestaltete Arbeit.
- Durch den mutigen Einsatz der kompletten Farbpalette wird die statische Situation ein bisschen gelöst und eher einem sommerlichen Sonntagnachmittag nach kindlicher Vorstellung gerecht.
- Schattenwirkungen werden noch nicht als Gestaltungsmittel eingesetzt.
- Das bunte sommerliche Farbspiel in der Kleidung wiederholt sich in dem getupften Rahmen und trägt so zu einem harmonischen Gesamteindruck des Bildes bei.

## Bild 2

- eigene Vorstellung vom Sommer wird ins Bild mit eingebracht (Eis)
- gelungene künstlerische Ausdrucksmöglichkeit bei der Eigendarstellung
- Figurenkonstellation Seurats wird deckend und mit kräftigen Farben dargeboten und ist sehr wirkungsvoll
- durch zu enges Nebeneinandersetzen der Punkte in gleicher Farbe wirkt die Kleidung der Personen fast wie gemalt und nicht mehr wie getupft

## Bild 3

- Schatten werden durch bewussten Farbeinsatz im Trompeter nachempfunden
- Malweise des Pointillismus wird besonders berücksichtigt
- besonders gelungene Hintergrundgestaltung
- sehr sorgfältig gestaltete Arbeit
- harmonische Bildeinteilung und gelungene Gesamtkomposition

## Bild 4

- differenzierte Ausgestaltung der Figuren (Gestaltung der Schürze und des Mantels)
- Gespür für Details und Freude an der Ausgestaltung (Haarspange)
- getupfte Malweise beachtet
- meist einfarbige Flächen, aber auch Einsatz verschiedener Grüntöne
- Körperhaltung des Kindes deutet auf ein Treffen mit Seurats Figuren hin
- klare Trennung von Wiese und Fluss in der Hintergrundgestaltung

## Bild 5

- kräftige, sich wiederholende Farbgebung fällt beim Betrachten positiv ins Auge
- die Figurengruppe stellt eine gelungene künstlerische Ausdrucksmöglichkeit dar
- getupfte Malweise besonders gut an Pointillismus angelehnt (Schirm, Rock, Kleid des Kindes)
- Positionierung der eigenen fast erwachsen wirkenden Person vermittelt vorsichtige Kontaktaufnahme der Figuren zueinander; Bildaufteilung ungewöhnlich
- die Hintergrundgestaltung weist gelungene und weniger gelungene Flächenstücke auf; nur ansatzweise ist die Trennung von Wiese und Fluss erkennbar

# Personen mit Sprechblasen

1a

42

Julia Feldgen/Bärbel Klein: Kinder entdecken Kunstwerke – Jahreszeiten
© Persen Verlag

# Personen mit Sprechblasen

# Hut

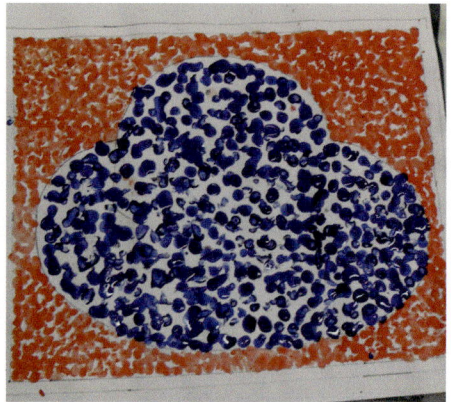
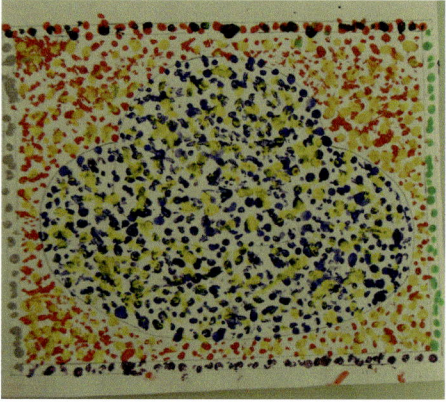

Aufgaben:

1. Tupfe den Hintergrund rot.

2. Tupfe den Hut blau.

3. Überdecke Hintergrund und Hut mit gelben Punkten.

4. Den Rahmen kannst du mit einer der drei Farben ausfüllen.

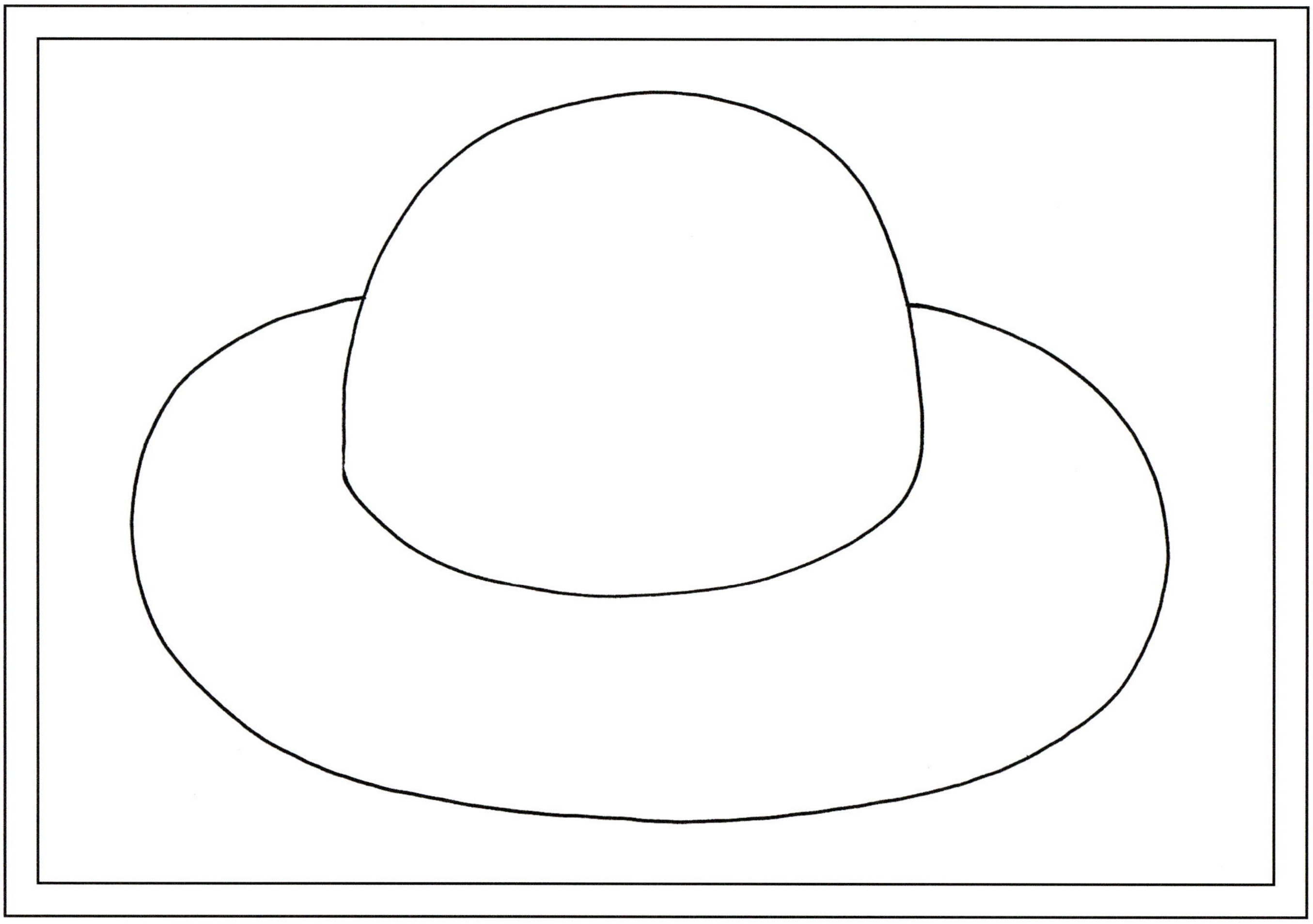

# Malen wie Seurat

Male wie ein Pointillist: Gestalte einen roten Schirm, der nur aus getupften Punkten besteht. Tupfe die ungemischten Farben auf den Schirm.

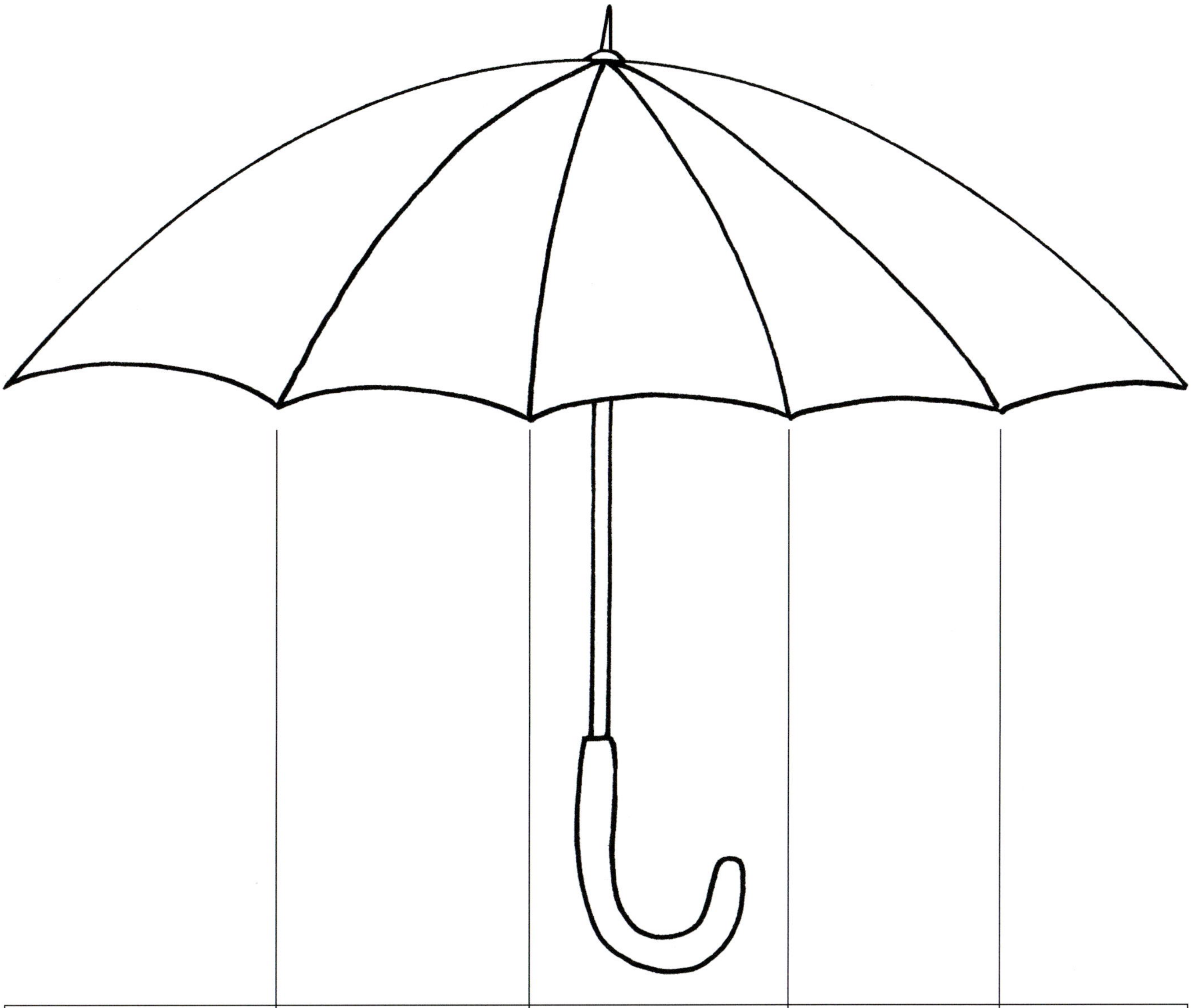

| viel Gelb | weniger Gelb | wenig Gelb | kaum Gelb | Rot |
|---|---|---|---|---|
| viel Rot | viel Rot | viel Rot | viel Rot | viel Schwarz |
|  |  | etwas Schwarz | etwas Schwarz |  |

Aufgabe:

 Die Sonne kommt von links. Das heißt: Der Schirm wird zum rechten Rand hin immer dunkler. Probiere dies aus. Verwende in jedem Teilstück des Schirmes immer alle folgenden Farben: Gelb, Rot und Schwarz. Die Leiste unter dem Schirm zeigt dir, welche Farbe du benutzen sollst, damit die Schattenwirkung deutlich wird.

 Tipp: Du kannst vorsichtig mit einem dünnen Pinsel tupfen oder auch die Rückseite deines Pinsels zum Tupfen verwenden. Auch ein Wattestäbchen eignet sich dazu. Benutze wenig Wasser.

# Anglerin

Ausschnitt aus: *Ein Sonntagnachmittag auf der Insel „La Grande Jatte"* von Georges Seurat

# Umrissfiguren

# Umrissfiguren

# Lob- und Tipp-Bogen

| Ich möchte etwas sagen zu | An dieser Stelle ist dir besonders gelungen, so wie Seurat die Farbe auf das Bild zu tupfen: | An dieser Stelle hast du sorgfältig gearbeitet: | Diese Idee hat mir besonders gut gefallen: |
|---|---|---|---|
| Bild Nr.: | | | |
| Bild Nr.: | | | |
| Tipp zu Bild Nr.: | | | |

Julia Feldgen/Bärbel Klein: Kinder entdecken Kunstwerke – Jahreszeiten
© Persen Verlag

# Bilddetektive

7a

**Auf dem Bild gibt es viel zu entdecken:**

Du siehst einen Trompeter, eine Frau, die handarbeitet, ein Kind mit einem Blumenstrauß, Bäume, Segelschiffe, eine Anglerin, vier Hunde, einen Schmetterling, Ruderboote, ein Äffchen, zwei Soldaten, Bäume, eine Wiese, einen Eisverkäufer, das Ufer des Flusses, eine Katze, einen Mann, der sitzend an einen Baum lehnt, ein Mädchen im Badeanzug.

1. Vier Entdeckungen stimmen nicht. Streiche sie durch.

2. Natürlich gibt es noch viel mehr zu entdecken. Schreibe noch vier Sachen dazu.

    • _____    • _____

    • _____    • _____

3. Zähle die Schirme auf dem Bild. Wie viele sind es? Kreise die richtige Zahl ein.

        5      6      7      8      9

4. Schau dir den Baumstamm ganz links im Bild und die stehende Frau links daneben genau an. Was fällt dir auf?

    _____

    _____

    _____

    _____

# Bilddetektive

5. Was fällt dir an dem Rahmen auf?

_____

_____

_____

_____

6. Welche Aussagen stimmen? Kreuze sie an.

☐ Die Personen auf dem Bild wirken sehr lebendig.

☐ Die Personen auf dem Bild wirken eher starr.

☐ Seurat hat ein kräftig buntes Bild gemalt.

☐ Die Farben auf dem Bild wirken eher zurückhaltend.

☐ Die meisten Leute tragen vornehme Kleidung.

☐ Die meisten Leute tragen keine feine Kleidung.

# Der vom Goldblau umkreiste Flügel – Joan Miró

Der vom Goldblau umkreiste Flügel © Successió Miró/VG Bild-Kunst, Bonn 2010

Hinweis: Vor der Gestaltungsaufgabe sollten die Kinder das Bild nicht gesehen haben.

# Der vom Goldblau umkreiste Flügel – Joan Miró (1)

Aufgabe 1:

Der Titel des Bildes ist eigentlich viel länger:

„Der vom Goldblau umkreiste Flügel der Lerche kommt wieder zum Herzen des Klatschmohns, der auf der diamantgeschmückten Wiese schläft".

Unterstreiche die wichtigen Aussagen in dem Titel.

Aufgabe 2:

*Der vom Goldblau umkreiste Flügel der Lerche kommt wieder zum Herzen des Klatschmohns, der auf der diamantgeschmückten Wiese schläft.*

Zu diesem witzigen Titel von Joan Miró sollst du ein Bild gestalten.

Viele Bilder von Miró bestehen aus einzelnen Elementen, sehr oft mit kräftigen, klaren Farben gemalt. Die Teile eines solchen Bildes findest du auf KV 10 als Umrisszeichnungen.

1. Verwende die vorgezeichneten Teile als Schablonen. Schneide die Teile in den richtigen Farben aus. Du brauchst Tonpapier in den Farben Gelb, Grün, Rot, Blau, Weiß und Schwarz.

2. Gestalte mit den farbigen Teilen auf einem großen weißen Untergrund ein Bild nach deiner Vorstellung. Es soll zu Mirós Titel oben passen. Lege viele verschiedene Möglichkeiten.

3. Klebe erst dann, wenn du zufrieden bist.

4. Vergleicht anschließend eure Werke untereinander. Vergleicht sie auch mit dem Werk des Künstlers Miró.

# Der vom Goldblau umkreiste Flügel – Joan Miró (2)

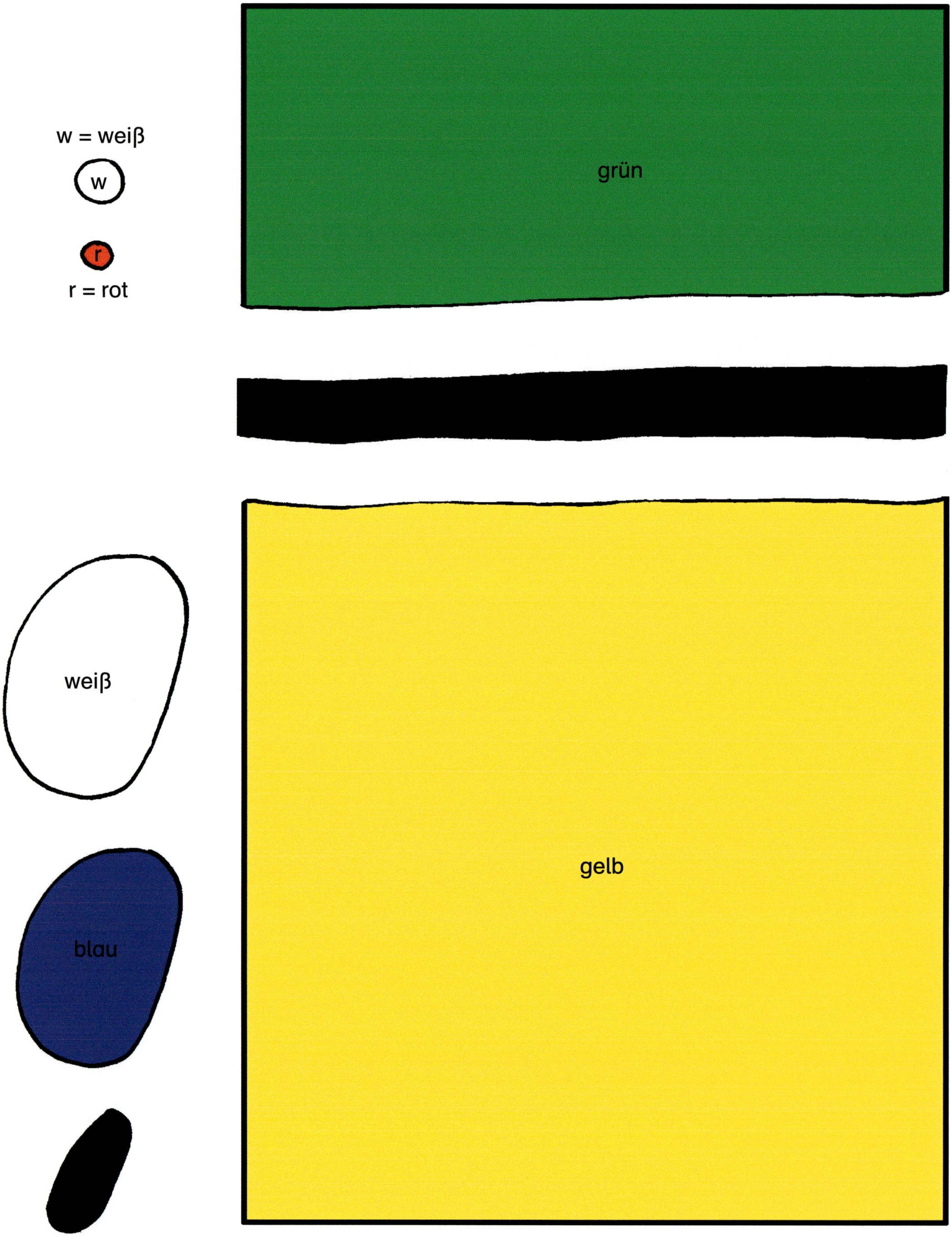

w = weiß

r = rot

grün

gelb

weiß

blau

# Der Künstler Joan Miró (1893–1983)

Joan Miró war ein sehr berühmter Künstler aus Barcelona in Spanien. Noch heute ist er in der ganzen Welt bekannt.

Eigentlich sollte er Buchhalter werden. So wollte es sein Vater, der das große künstlerische Talent seines Sohnes nicht erkannt hatte. Miró begann also zunächst eine Lehre, doch vor Kummer darüber wurde er schwer krank. Schließlich durfte er eine Kunstschule besuchen, wo man sehr schnell seine Hochbegabung erkannte.

Mit 26 Jahren reiste er nach Paris und lernte dort viele bedeutende Künstler kennen. Auch als der spanische Bürgerkrieg 1936 begann, verlegte er seinen Wohnort für eine Zeit nach Paris. Später ging er aber nach Spanien zurück.

Joan Miró, 1935

Lange lebte er auf der spanischen Insel Mallorca. Auf dem unteren Bild siehst du seine Werkstatt dort.

Beim Malen verwendete er oft klare und kräftige Farben, vorwiegend Gelb, Blau, Rot und Grün. Er malte in einer Bildsprache, die unverwechselbar war. Gerne verwendete er einfache Zeichen, Linien und Symbole, zum Beispiel Sterne, Monde, Sonnen und Herzen. Ebenso malte er viele Figuren. Sie wirken wie kindliche Strichmännchenzeichnungen. Die Figuren fliegen oftmals wie im Kosmos scheinbar schwerelos umher. Die Bilder erinnern viele Menschen an Traum- und Fantasiewelten. Diese unwirklichen Bilder nennt man surrealistisch, weil sie nichts real (also wie in Wirklichkeit) abbilden.

Mirós Werkstatt

Aufgaben:

1.  Lies dir den Text genau durch.

2.  Denke dir Quizfragen dazu aus, die du dann anderen Kindern stellst.

# Der Sonnenschirm – Francisco de Goya (1)

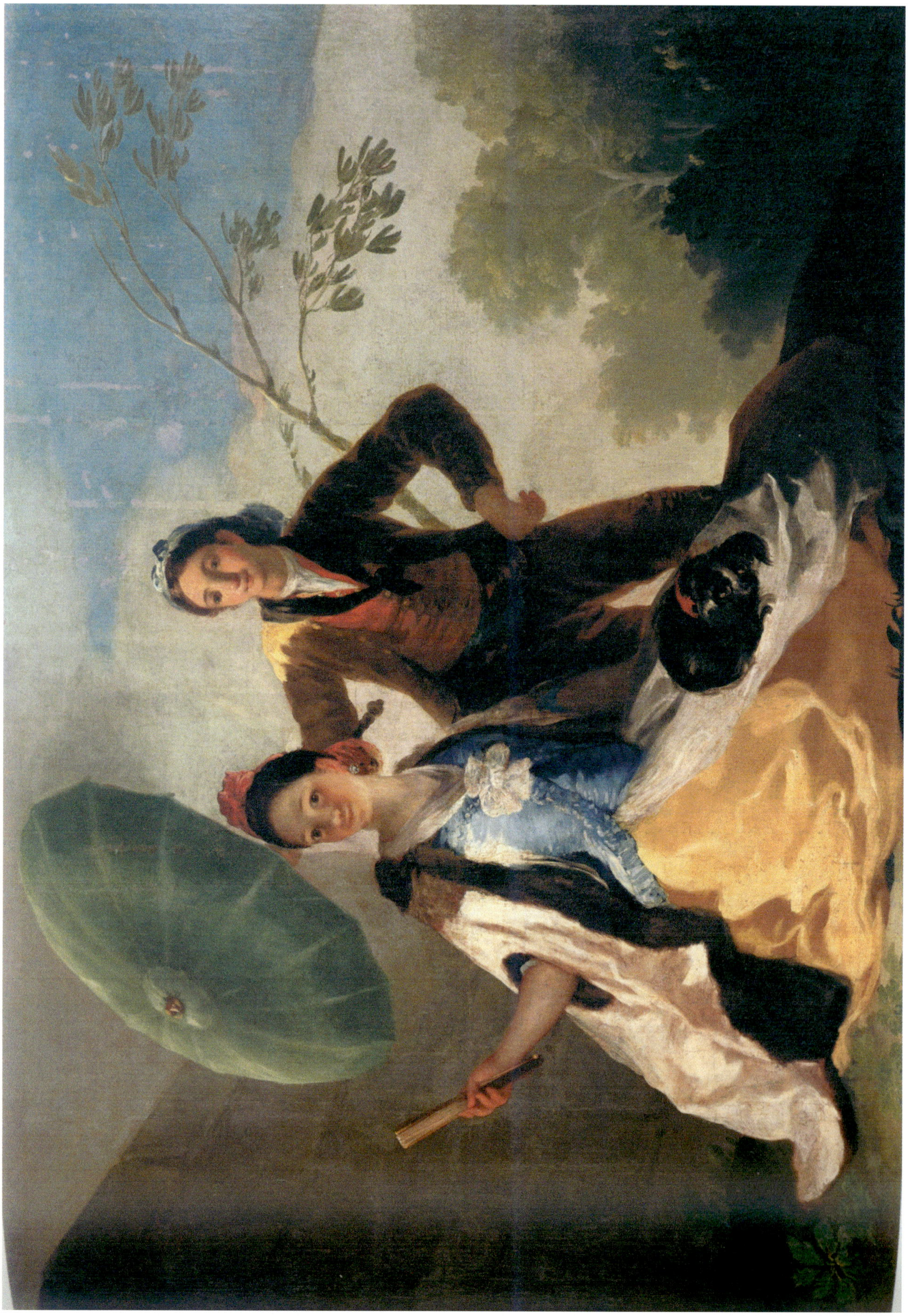

Der Sonnenschirm (1777), Francisco de Goya

# Der Sonnenschirm – Francisco de Goya (2)

[Rahmen zum Einkleben eines Fotos]

Aufgaben:

1.  Arbeitet zu dritt. Zwei Kinder stellen die Szene auf dem Bild möglichst genau nach. Das dritte Kind korrigiert und gibt Tipps. Dann wird das Bild „eingefroren", beide Kinder dürfen sich also nicht mehr bewegen. Das dritte Kind fotografiert dann das Standbild. Tauscht die Rollen, bis jedes Kind ein eigenes Foto von sich hat.

2.  Klebe dein Foto in den Rahmen oben. Gestalte den Rahmen schön. Du kannst ihn zum Beispiel mit Goldfolie bekleben.

# Der Gartenweg mit Hühnern – Gustav Klimt (1)

Der Gartenweg mit Hühnern (1916), Gustav Klimt

# Der Gartenweg mit Hühnern – Gustav Klimt (2)

Ausschnitt aus: *Der Gartenweg mit Hühnern* von Gustav Klimt

Aufgaben:

1. Schneide den Bildausschnitt aus.

2. Nimm ein Zeichenblockblatt und überlege, an welche Stelle du diesen Bildausschnitt setzen willst. Wähle Hoch- oder Querformat.

3. Probiere mehrere Möglichkeiten aus, bevor du den Ausschnitt aufklebst.

4. Male das Bild mit Deckfarben weiter. Verwende die Farben des Künstlers. Versuche es so, dass man den Übergang kaum bemerkt.

# Gedicht: August

**August**

Es kommt eine Zeit
da wachsen die Bäume
in den Himmel
Die Blumen wollen so groß sein
wie Bäume
Der Himmel
hoch oben
hat Wolken

Es kommt eine Zeit
da gehen rote Pilze
durch den Wald
und schwarzgelackte Käfer

Da ist die Sonne so heiß
dass man sie nicht anfassen kann

Da wächst es rot an den Sträuchern
und blau an den Gräsern
Das sind die Tage der Beeren

*Elisabeth Borchers*

Aufgaben:

1.  Elisabeth Borchers hat eine ganz bestimmte Vorstellung vom Sommer. Unterstreiche im Text, was für sie alles dazugehört.

2.  Male ein Bild, das für dich den Sommer darstellt. Du kannst ganz ähnliche Vorstellungen vom Sommer haben wie die Dichterin, aber auch ganz andere. Vielleicht willst du sogar ein Bild ohne konkrete Dinge malen, also ein abstraktes Bild, das nur aus Farben besteht, die dich an den Sommer erinnern.

# Gedicht: Wettergeschichte

**Wettergeschichte**

Ein Regenschirm,
ein Sonnenschirm,
die im gleichen Ständer standen,
waren ineinander verliebt.
Sie seufzten jeden Morgen:
„Lasst uns hoffen,
dass es trockenes, kühles Wetter gibt."

Hans Manz

Aufgabe:

 Schreibe das Gedicht in Schönschrift ab oder erfinde ein eigenes Gedicht, das ähnlich ist.

 Vielleicht fällt dir etwas zu diesen Begriffen ein:

Schnecke/Regenwurm – Blumenbeet …
Kaffeetasse/Teetasse – Schrank …
Puppe/Teddy – Spielwarengeschäft …

# Gedicht: Sommer

**Sommer**

Weißt du, wie der Sommer _____?

Nach Birnen und nach Nelken,
nach Äpfeln und Vergissmeinnicht,
die in der Sonne welken,
nach heißem Sand und kühlem See
und nassen Badehosen,
nach Wasserball und Sonnenkrem,
_____

Weißt du, wie der Sommer _____?

Nach gelben Aprikosen,
und Waldbeeren, halb versteckt
zwischen Gras und Moosen,
_____

und Eis aus Schokolade,
nach Sauerklee vom Wiesenrand
und Brauselimonade.

Weißt du, wie der Sommer _____?

Nach einer Flötenweise,
die durch die Mittagsstille dringt,
_____

dumpf fällt ein Apfel in das Gras,
ein Wind rauscht in den Bäumen,
ein Kind lacht hell, dann schweigt es schnell
und möchte lieber träumen.

*Ilse Kleberger*

Aufgabe:

 Ergänze die folgenden Wörter und Textzeilen im Text:

| schmeckt | klingt | riecht | nach Straßenstaub und Rosen. |
| nach Himbeereis, Vanilleeis | | | ein Vogel zwitschert leise, |

Bergdorf (herbstlich) (1934), Paul Klee

# Herbst in der Kunst

## Titel: Bergdorf (herbstlich), 1934    Künstler: Paul Klee

## Das Bild

Das Bild *Bergdorf (herbstlich)* malte Paul Klee 1934 mit Ölfarbe. Es ist 71,5 cm × 54,4 cm groß und hängt heute in dem Museum Sammlung Rosengart in Luzern, einer Stadt in der Schweiz.

Paul Klee lebte lange in der Schweiz und hatte dort die Gelegenheit, viele Bergdörfer ganz genau zu betrachten. Dort malte er auch das Werk *Bergdorf (herbstlich)* und noch weitere ähnliche Bilder. Er malt Landschaften nicht so wie er sie in der Natur sieht auf die Leinwand, sondern vereinfacht (reduziert) sie auf Formen und Farben. Aus Häusern, Feldern oder Dorfplätzen werden so in dem Werk *Bergdorf (herbstlich)* Dreiecke, Vierecke und andere Vielecke unterschiedlicher Größe. Die Größe der Flächen scheint im Verlauf des Bildes abzunehmen. Bei genauer Betrachtung erkennt man, dass die großflächigeren Formen am unteren Bildteil angeordnet sind. Die kleineren und bewegteren Flächen wurden eher in die obere Bildhälfte gesetzt. Dies erinnert an die Perspektive, die entsteht, wenn man ein Bergdorf aus einem Tal heraus betrachtet. Das Bergdorf wird also auf dem Bild durch die verschiedenen Farbfelder dargestellt.

Dass es ein Dorf im Herbst sein soll, wie in dem Titel deutlich wird, ist durch die Farbgebung des Bildes erkennbar. Die Flächen erscheinen in den Farben des Herbstes. Die Farbpalette reicht von Orange, über Orangerot (Zinnoberrot) und Purpurrot (Karmin) bis zu Blau und Violett. Dennoch sind die Hauptfarben auf eine begrenzte Anzahl reduziert. So können wir viele Rot- und Brauntöne, aber nur vereinzelte Blau-, Gelb-, Grün-, Violett- und Grautöne ausmachen. Die vielfältigen Rottöne sind also vorherrschend und fallen sofort ins Auge. Die verschiedenen Farbnuancen werden durch Mischen erreicht. Die gemischten Farben wiederholen sich in dem Werk und sorgen somit für einen Einklang, eine Harmonie in dem Bild. Immer wieder blitzen gelbe Farbfelder hell auf. Könnte es vielleicht die Sonne sein, die die anderen Herbsttöne leuchten lässt?

Paul Klee hat uns zwei Sichtweisen angeboten: Zum einen ist es möglich, die Vogelperspektive einzunehmen und das Bergdorf von oben wie aus einem Flugzeug heraus zu betrachten. Zum anderen kann man jedoch auch das Bild so sehen, als ob man unten im Tal steht und einen Hang hinaufschaut. Dann scheint es so, dass die Häuser sich immer kleiner werdend am Berghang aufreihen.

# Der Künstler Paul Klee

Paul Klee wurde am 8. Dezember 1879 in einem kleinen Ort in der Schweiz geboren. Sein Vater kam aus Deutschland und war Musiklehrer. Seine Mutter kam aus der Schweiz und war Sängerin. Pauls Eltern war es ganz wichtig, dass ihr Sohn auch ein Instrument spielen sollte. Schon früh begann er mit dem Geigenunterricht. Als Elfjähriger war er schon so gut, dass er in einem Orchester für Erwachsene mitspielen durfte. Nebenbei entwickelten sich ebenfalls seine Talente für das Zeichnen und Dichten. In dem Alter hatte Klee noch Spaß am Lernen, aber schon bald interessierte er sich eher für andere Dinge. Aber er schaffte das Abitur, wenn auch mit ziemlich schlechten Noten.

Er konnte sich nur schwer zwischen einem Studium der Musik und der Kunst entscheiden. Er entschied sich schließlich aber für die Kunst und zog zum Studium nach Deutschland.

Nach seiner Heirat mit der Musiklehrerin Lily Stumpf zog das Ehepaar in eine kleine Wohnung in München. Die beiden bekamen einen Sohn, er hieß Felix. Paul Klee kümmerte sich als Hausmann um das Kind, während die Frau als Musiklehrerin für den finanziellen Unterhalt aufkam.

Als junger Mann reiste Paul Klee viel. In Italien, Frankreich und auch in Tunesien suchte sich Paul Klee Inspirationen (Ideen) für seine Bilder.

Anregung für seine Werke war hauptsächlich die Natur. Jedoch wollte er nicht einfach die Natur so malen, wie man sie auch auf Fotos sehen konnte. Es gefiel ihm, sie außergewöhnlich und auf ganz besondere Weise zu malen. In seinen Bildern fällt auf, dass er die Gegenstände oder Figuren oft auf einfache Grundelemente zurückführte. So zeichnete und malte er häufig geometrische Figuren und Landschaften. Seine Bilder zeigen einen Hang zur Abstraktion (Verfremdung). Eine endgültige Trennung vom konkreten Gegenstand vollzog er jedoch nicht.

Paul Klee, 1911

1914 begann der 1. Weltkrieg und Paul Klee musste als Sohn eines deutschen Vaters als Soldat in den Krieg ziehen. 1918 kehrte er zum Glück unversehrt zu seiner Familie nach München zurück.

Paul Klee zeigte in vielen Ausstellungen seine Werke. Er war schon zu Lebzeiten geschätzt und bekannt und er verkaufte so viele Kunstwerke, dass er sich bald ein kleines Atelier mieten konnte. Richtig stolz war er auf seine eigene Künstlerwerkstatt in einem alten, kleinen Schloss mitten in München.

Mit 41 Jahren wurde er Lehrer einer neuen Kunst- und Werkschule in Weimar. Außerdem lehrte er später im Bauhaus in Dessau und an der Kunstakademie in Düsseldorf.

Ihm ging es in Deutschland richtig gut und er war bekannt und angesehen, bis Adolf Hitler an die Macht kam. Die Nazis behaupteten, Künstler wie Paul Klee seien verrückt und krank und ihre Kunst unmöglich. Sie nannten diese Kunst „entartete Kunst". Er musste seinen Beruf als Lehrer an der Kunstakademie in Düsseldorf aufgeben und viele seiner Bilder wurden ihm weggenommen.

In diesem Land konnte und wollte Paul Klee nicht mehr länger leben. Deshalb zog er mit seiner Familie in die Schweiz zurück. Doch schon bald wurde er unheilbar krank. Trotzdem malte er weiter und es entstanden in seinem Todesjahr noch sehr viele Bilder. Am 29. Juni 1940 starb Paul Klee mit nur 60 Jahren.

# Paul Klee und seine Zeit

Wenn du dir die Zeit, in der Paul Klee (1879–1940) lebte, etwas genauer vorstellen willst, können dir folgende Informationen helfen:

Viele Erfindungen gab es bereits, als Paul Klee das Licht der Welt erblickte: es gab zum Beispiel schon Fahrräder, Kühlschränke, Glühbirnen und erste Filmapparate.

Im Jahr 1880 – ein Jahr nach Paul Klees Geburt – wurde nach ungefähr sechshundert Jahren Baustelle der Kölner Dom vollendet. Ob Paul Klee das riesige Fest mitbekommen hat? Im Fernsehen hat er die Feier jedoch bestimmt nicht gesehen. Denn den gab es damals noch ebenso wenig wie zum Beispiel den Computer. Die erste Idee für einen Fernsehapparat hatte Paul Nipkow erst 1886.

Das Auto wurde in seiner späteren Heimatstadt München auch im Jahr 1886 erfunden. Diesen großen technischen Fortschritt erlebte Paul Klee als er sieben Jahre alt war.

Ein Radio gab es in Deutschland zu dieser Zeit noch nicht. Für Klee wäre es bestimmt ein Riesenspaß gewesen, Musik im Radio hören zu können. Erst kurz nach 1900 konnte man die erste Radiomusik zunächst in Amerika, später auch in vielen anderen Ländern, hören. Paul Klee liebte Musik und war auch sehr musikalisch. Deshalb hat er vielleicht auch mit Interesse verfolgt, dass 1887 das erste Mal Musik auf einem Gerät festgehalten und abgespielt werden konnte. Dieses Gerät nannte man Grammophon. Es war ein Vorläufer des Plattenspielers, auf dem auch noch deine Großeltern von Schallplatten Musik gehört haben. Als die ersten Schallplatten auf den Markt kamen, war Paul Klee 13 Jahre alt. Die Klangqualität von CDs und MP3-Playern wurde damals natürlich noch nicht erreicht.

Auf der Weltausstellung 1889 in Paris wird die Rolltreppe als neue Errungenschaft vorgestellt. Die erste Rolltreppe Deutschlands wurde in einem Kaufhaus in Köln eingebaut. Da war Paul Klee bereits 46 Jahre alt.

Ganz sicher hat Paul Klee auch von Micky Maus gehört. 1928 wird ein Film mit der Zeichentrickfigur in New York aufgeführt. Auch wenn Paul Klee da schon ein erwachsener Mann ist, hat er vielleicht die großen Erfolge der kleinen Maus mitverfolgen können. Interessiert haben könnten ihn zu dieser Zeit auch Erfindungen wie der Hubschrauber und der Kugelschreiber.

Paul Klee hat zwei Weltkriege miterlebt: Von 1914 bis 1918 wütet der Erste Weltkrieg in Deutschland. Klee kämpft im Krieg mit, kann aber unverletzt wieder zu seiner Familie zurückkehren. Er erlebt auch noch den Beginn des Zweiten Weltkriegs. Zu dieser Zeit lebt er schon in der Schweiz, wo er im Jahr 1940 stirbt.

# Paul Klee – Zeitleiste

**1879**
Am 8. Dezember 1879 wird Paul Klee in Münchenbuchsee (bei Bern) in der Schweiz geboren.

**1898**
Paul Klee zieht nach Deutschland um sich in der Kunst weiter ausbilden zu lassen.

**1906**
Paul Klee heiratet in München die Pianistin Lily Stumpf.

**1907**
Klees Sohn Felix wird geboren.

**1914**
Paul Klee reist nach Tunesien. Es entstehen viele Aquarelle. Aquarelle sind Bilder, die man mit viel Wasser malt, sodass die Farbe nicht deckend ist wie bei Öl- oder Acrylfarben.

**1914–1918**
Erster Weltkrieg
Paul Klee wird als Sohn eines deutschen Vaters eingezogen und muss als „Kunstmaler" die Tarnbemalung der Flugzeuge ausbessern. Er malt während des Kriegs Bilder und stellt diese aus.

**1926**
Paul Klee zieht mit seiner Familie nach Dessau als Baumeister ins Bauhaus um. Sein Freund und Kollege Kandinsky wohnt nebenan.

**1931–1933**
Paul Klee ist Professor an der Kunstakademie in Düsseldorf.

**1933–1945**
Zweiter Weltkrieg
Paul Klee wird als „entarteter Künstler" aus seinem Amt entlassen und zieht in die Schweiz zurück.

**1934**
Paul Klee malt in der Schweiz das Bild *Bergdorf (herbstlich)*.

**1940**
Paul Klee stirbt am 29. Juni im Alter von 60 Jahren und hinterlässt ca. 9000 Werke, mehr als 1000 davon schuf er in den letzten fünf Lebensjahren.

Paul Klee als Schüler, 1892

Paul Klee als Soldat, 1916

# Die Unterrichtseinheit: Bergdorf (herbstlich)

## Thema

*Bergdorf (herbstlich)* – Gestalten eines Herbstdorfes durch gezieltes Nutzen der herbstlichen Mischfarben von Paul Klee

## Klasse  1.–4. Klasse

## Zeitbedarf  ca. 4 Stunden

## Medien/Materialien

- Overheadprojektor
- Deckfarben, Deckweiß
- Unterlage
- schwarzer Filzstift

## Kopien

- Farbfolie des Werkes
- ggf. Folie von KV 1 Bergdörfern
- Farbkopien von KV 2 Farbpalette
- KV 3 Umrisslinien Bergdorf (auf DIN-A3 hochkopieren)
- KV 4 Fensterschablone
- KV 5 Selbsteinschätzung

## Mögliche Ziele, die mit dieser Einheit erreicht werden können

- Die Kinder experimentieren beim Mischen verschiedener Farbtöne mit Farbwirkungen und reflektieren sie.
- Die Kinder nutzen Farben und Farbwirkungen beim Einfärben der Flächen.
- Die Kinder stellen einen Zusammenhang zwischen Bildaussage und Bildmittel her.
- Die Kinder erschließen sich das Kunstwerk und lassen sich auf ein vertieftes Betrachten und Deuten des Kunstwerks ein.
- Sie erweitern ihre technischen Fertigkeiten (Mischen, Farbauftrag) im Umgang mit Farben.
- Die Kinder reflektieren über Darstellungsabsicht und Wirkung der eigenen Bilder.

## Mögliche Vorgehensweise

### Einstieg

Die Kinder stimmen sich auf das Thema Herbst ein, indem sie ein Akrostichon zu dem Thema schreiben. Beispiel:

- Einige Aspekte aus den Akrostichons werden aufgegriffen, z. B. Aussagen zu Herbstfarben, zu Baumfärbungen, Aktivitäten im Herbst, Wetter.
- *Auch der Künstler Paul Klee hat sich mit dem Thema Herbst beschäftigt. Ihr werdet heute ein Werk dazu von ihm kennenlernen. Er hat sein Bild „Bergdorf (herbstlich)" genannt. Zur besseren Vorstellung von Bergdörfern können die Fotos (KV 1) angeboten werden.*

### Bildpräsentation

- *Nun werdet ihr sehen, wie Paul Klee sein „Bergdorf herbstlich" gestaltet hat. Dabei seid ihr vielleicht überrascht. Lasst das Bild auf euch wirken. Bestimmt entdeckt ihr einiges, was mit einem Bergdorf zu tun haben könnte.*

- Mithilfe einer Folie oder des Beamers wird das Werk von Paul Klee gezeigt. Die Kinder äußern sich spontan zu dem Bild.
- Das Augenmerk der Kinder wird auf die beiden Aspekte *Bergdorf* und *herbstlich* gelenkt.
  Bergdorf: grüne Flächen als Felder und Wiesen, braune Flächen als Felder oder Häuser, rote Flächen als Grundrisse von Häusern oder als Dächer, gelbe Flächen vielleicht für die wärmende Herbstsonne
  herbstlich: gezielter Einsatz der Herbstfarben, überwiegend sanfte Übergänge mit wenig Farbnuancen; einige Akzente durch Farbsprünge; Dominanz der Rot-Braun-Palette

### Gestaltungsaufgabe

- Jeweils zwei Kinder erhalten einen Farbstreifen, auf dem die einzelnen Farben des Werkes zu sehen sind (Farbpalette aus KV2). Die Kinder tauschen Vermutungen darüber aus, wie die Farben gemischt und aufgetragen wurden. Sie probieren diese Mischungen auf einem weißen Streifen aus.
- Nach intensiver Auseinandersetzung mit dem gezielten Mischen färben die Kinder die KV 3 (Umrisslinien im DIN-A3-Format) ein. Dabei verwenden sie nur die Farben der von ihnen entwickelten Farbpalette. Allerdings soll das Werk von Klee nicht genau 1:1 reproduziert werden. Welche Fläche in welcher Herbstfarbe gestaltet wird, steht den Kindern frei.
- Während die Bilder trocknen, erhalten die Kinder folgenden Arbeitsauftrag:
  *Deine erweiterte Aufgabe heißt nun: Aber der nächste Winter kommt bestimmt! Gestalte die Mitte deines Bildes neu. In der neuen Mitte – wie durch ein Fenster – soll man den Winter sehen. Färbe dazu den Fensterausschnitt deines Bildes in Winterfarben um. Benutze Deckweiß, um die Winterfarben zu mischen. Probiere vorher auf einem Probestreifen aus, wie man „Winterfarben" mischen kann.*

Um den Kindern Anhaltspunkte für den Bildausschnitt zu geben, erhalten sie eine Schablone, die das Fenster in den Winter vorgeben soll. Die Kinder suchen mithilfe der ersten Schablone von KV 4 den Ausschnitt des Fensters, zeichnen sich dünn die Schnittlinie für ihr Fenster auf und schneiden es aus (Cuttermesser). Dann färben sie den Bildausschnitt ein und kleben ihn auf die Rückseite ihres Bildes.

Falls beim Einfärben die schwarzen Konturen etwas verloren gegangen sein sollten, können sie mit Schwarz vorsichtig nachgezogen werden.

- Kinder der Schuleingangsphase wären mit dieser Aufgabenstellung möglicherweise überfordert. Für sie könnte ein einfacher Arbeitsauftrag lauten:

*Paul Klee hat uns nicht verraten, was für ihn das Wichtigste am Herbst ist. Denke dir ein Motiv aus, das für dich ganz besonders deutlich den Herbst darstellt. Male es auf geeignete Flächen des Bergdorfes. Suche dir drei bis vier Felder aus und zeichne mit einem schwarzen Filzstift deine Idee dort hinein (siehe Bild 5, S. 73).*

Folgende Kriterien werden sukzessive mit den Kindern erarbeitet:
- Paul Klees Farbmischung soll genau nachempfunden werden
- herbstliche Stimmung soll deutlich werden
- zeichnerisch geeignete Lösung sollen gefunden und prägnant dargestellt (nur Schuleingangsphase) werden
- Darstellungsabsicht (Fenster in den Winter) sollte durch gezielte Verwendung der Mischfarben wirkungsvoll erreicht werden

## Präsentation und Reflexion

An der Tafel werden mehrere Kinderergebnisse aufgehängt. In Form eines Rätsels sollen verschiedene Bilder bestimmt werden.

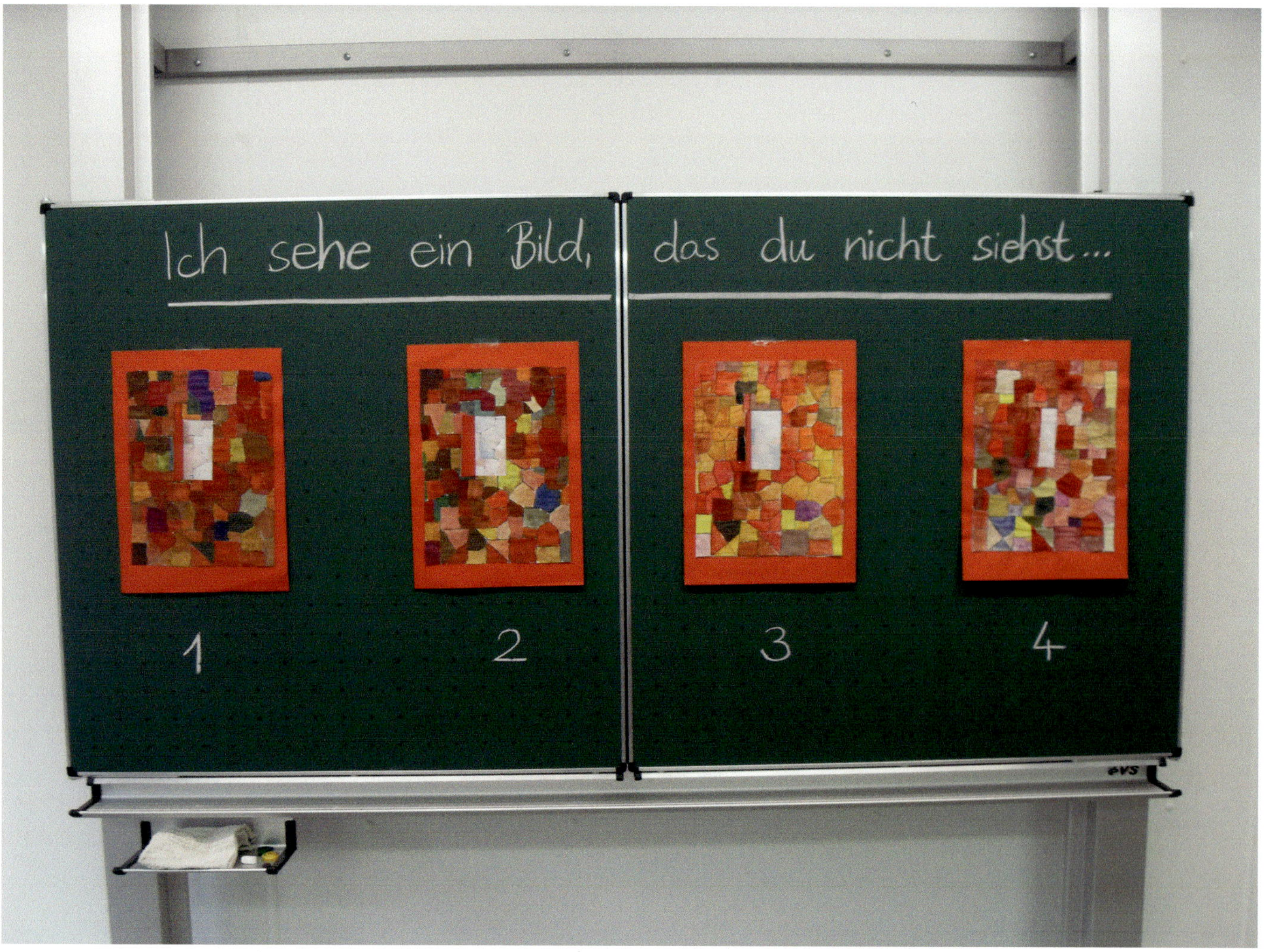

*Ich sehe ein Bild, das du nicht siehst und das …*
- *… hat drei grüne Flächen.*
- *… hat ein Wiesenstück an der unteren linken Ecke.*
- *…*

Um den Aspekt der Herbst- bzw. Winterfarben in den Blick zu nehmen, kann die Lehrperson folgenden Impuls geben:
- *Ich sehe ein Bild, das du nicht siehst, und das hat links unten die Farben des Farbstreifens von Paul Klee besonders gut getroffen.*
- *Ich sehe ein Bild, das du nicht siehst, und das hat viele Felder mit sanften Übergängen, bei denen nur geringe Farbsprünge zu sehen sind.*
- *Ich sehe ein Bild, das du nicht siehst, und das hat die kälteren Winterfarben gut getroffen.*
- *Ich sehe ein Bild, das du nicht siehst, und das wirkt besonders gut wie ein Fenster in den Winter.*

 Wenn man die Bilder nummeriert, erleichtert dies den Austausch über die Werke und beugt Missverständnissen vor.

Die Kinder nehmen eine Selbsteinschätzung vor. Dazu benutzen sie die KV 5.

## Möglichkeiten der Leistungsbeurteilung

Neben Neugier, Offenheit, Kommunikations- und Reflexionskompetenz werden in dieser Einheit besonders berücksichtigt:
- Ausdrucks- und Aussagekraft einer künstlerischen Lösung (Wirkung):
  - Wurde durch die Farbgebung eine herbstliche Stimmung erzeugt?
  - Wurden die Winterfarben in der gestalteten Mitte treffend gemischt?
- Umgang mit Materialien (Sorgfalt/Genauigkeit): Ist es gelungen, die einzelnen Flächen sorgfältig auszuarbeiten (Farbauftrag, Zeichnungen)?
- Individualität und Originalität von Arbeitsergebnissen: Produkte, Prozesse, Gesprächsbeiträge (Idee):
Stellen die Zeichenergebnisse eine geeignete Lösung im Sinne des Herbstthemas dar? (Schuleingangsphase)

# Bild 1

- Das Bild als Gesamtkomposition führt insgesamt eine herbstliche Stimmung herbei.
- Die Verteilung der Farben wirkt überlegt. Der Einsatz der vielen Rot- und Brauntöne zeugt hier von einem differenzierten Gebrauch der Mischtöne.
- Eine herbstliche, eher trübe Stimmung wird durch das Bild vermittelt. Im Gegensatz dazu stehen die intensiven, dominanten Blautöne.
- Das Bild weist einen deckenden Einsatz der Farben auf.
- Der Charakter der herbstlichen Farbfelder Paul Klees wird gut getroffen.
- Die Konturen der Felder sind gut sichtbar.
- Die Farbflächen wurden sorgfältig ausgestaltet, was die ästhetische Wirkung des Bildes unterstreicht.
- Bei der Aufgabenstellung, ein Fenster in den Winter zu gestalten, wird eine treffende, wirkungsvolle Lösung gefunden.

## Bild 2

- herbstliche Stimmung besonders im oberen Teil des Bildes
- eher hellere und auch kühlere Farben außerhalb der Farbpalette Klees im unteren Bildteil
- leuchtendes Gelb im linken oberen Bildteil lässt an die Sonne denken, die im Herbst noch einmal ihre Strahlen verschickt
- sorgfältige Ausgestaltung der Felder
- gezielter Einsatz von Winterfarben im Fenster
- zu wenig Kontrast zum unteren Bildteil schwächt die Wirkung als Fenster in den Winter etwas ab

## Bild 3

- sehr gelungener Einsatz von Herbstfarben (Goldfarbe für Blätter und Sonne, Rot-Brauntöne) erzeugt deutliche Herbststimmung
- sanfte Farbabstufungen durch Mischen der Brauntöne oben links, insgesamt könnte der Farbauftrag deckender sein
- recht sorgfältige Ausgestaltung der Flächen, überwiegend bis an die Begrenzungslinien herangemalt
- die gut gemischten Winterfarben erzeugen Tiefe und lassen einen Blick in die nächste Jahreszeit zu

## Bild 4

- experimenteller Umgang mit der Farbmischung wird sichtbar, jedoch nicht durchgängig angelehnt an Klees Farbpalette
- an manchen Stellen wird die Herbststimmung deutlich, jedoch hätten die bunten Farbfelder etwas zurückhaltender eingesetzt werden können
- Konturen werden nur teilweise sichtbar
- die Farbfelder weisen einen gut deckenden Farbauftrag auf
- das Mischen der Winterfarben ist gut gelungen und stellt die Kälte dieser Jahreszeit bildnerisch passend dar

## Bild 5

- durch intensive Auseinandersetzung mit der Farbpalette der Vorlage kommt das Kind zu einer eindrucksvollen Gesamtkomposition
- gezielter Einsatz der vielen Rot-Brauntöne
- sichere Beherrschung der Technik des Malens mit Deckfarben und das Einhalten der Grenzen erzeugen eine ästhetische Wirkung
- die Darstellung des stimmigen Herbstmotivs (Igel) hat viel Ausdruckskraft und wirkt pfiffig

# Bergdörfer

Saas-Fee

Winkelmatten

# Farbpalette von Paul Klee

Farben aus dem Bild: Bergdorf (herbstlich) von Paul Klee

Farben aus dem Bild: Bergdorf (herbstlich) von Paul Klee

Farben aus dem Bild: Bergdorf (herbstlich) von Paul Klee

# Umrisslinien Bergdorf

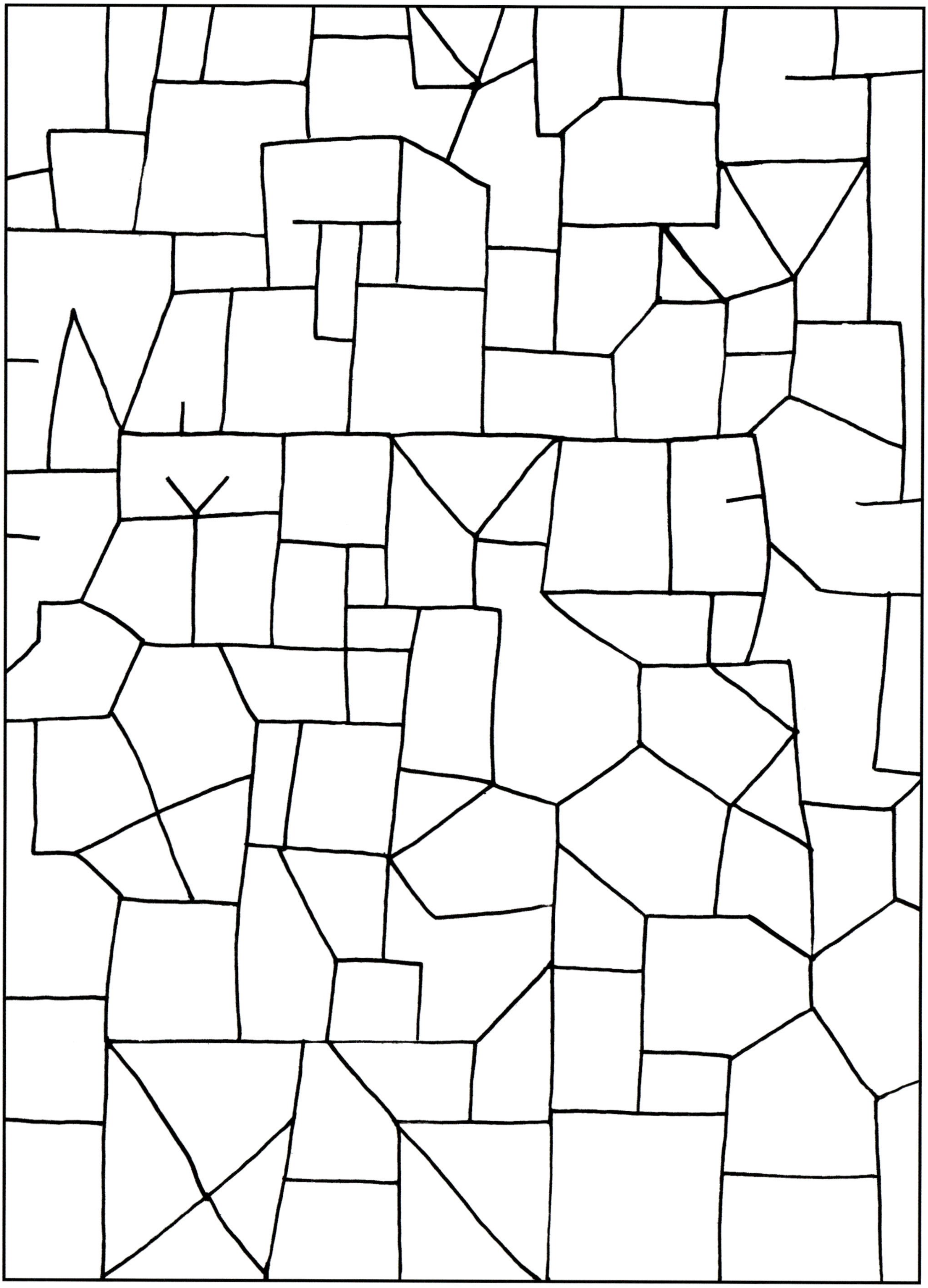

# Aber der nächste Winter kommt bestimmt!

Schablone für den Fensterausschnitt in den Winter

Klebefläche für das Fenster in den Winter

# Selbsteinschätzung zu meinem Bild „Bergdorf (herbstlich)"

| | richtig gut gelungen | gut gelungen | insgesamt zufriedenstellend | noch nicht zufriedenstellend |
|---|---|---|---|---|
| Durch Mischen habe ich die Herbstfarben aus Paul Klees Bild nachempfunden und in meinem Bild dadurch eine herbstliche Stimmung erzeugt. | | | | |
| Ich habe die einzelnen Farbflächen des Bildes und die Zeichnungen sorgfältig gestaltet. | | | | |
| Dass der Winter bald kommt, kann man an meinem Bild erkennen. | | | | |

Finde Stellen in deinem Bild, die deine Meinung deutlich machen. Tausche dich mit einem Partner darüber aus.

# Selbsteinschätzung zu meinem Bild „Bergdorf (herbstlich)"

| | richtig gut gelungen | gut gelungen | insgesamt zufriedenstellend | noch nicht zufriedenstellend |
|---|---|---|---|---|
| Durch Mischen habe ich die Herbstfarben aus Paul Klees Bild nachempfunden und in meinem Bild dadurch eine herbstliche Stimmung erzeugt. | | | | |
| Ich habe die einzelnen Farbflächen des Bildes und die Zeichnungen sorgfältig gestaltet. | | | | |
| Dass der Winter bald kommt, kann man an meinem Bild erkennen. | | | | |

Finde Stellen in deinem Bild, die deine Meinung deutlich machen. Tausche dich mit einem Partner darüber aus.

Der Künstler Karl Blossfeldt hat sich eine Distel genau angeschaut. Und er fand den Blütenboden so spannend, dass er ihn von ganz nah aufgenommen hat:

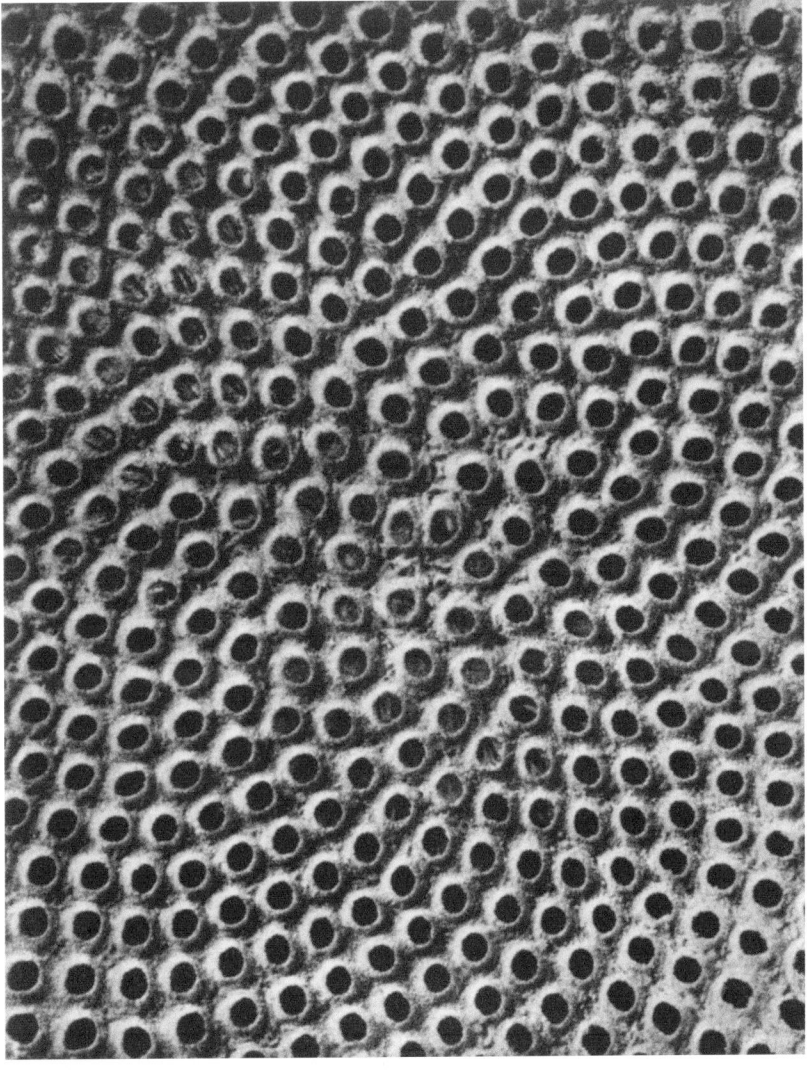

Karl Blossfeldt: Cirsium, Distel, Blütenboden (Photographie)

# Cirsium, Distel, Blütenboden – Karl Blossfeldt (2)

Aufgaben:

1.  Schau dir eine Sonnenblume genau an. Zoome mit der Digitalkamera den Blütenboden ganz nah heran. Mache davon ein möglichst scharfes Foto.

2. Wähle einen interessanten Bildausschnitt aus. Drucke das Foto aus.

3. Klebe das Foto unten auf.

# Herbstbaum – Leo Gestel (1)

Herbstbaum (1910/11), Leo Gestel

# Herbstbaum – Leo Gestel (2)

Der Herbst hat verschiedene Gesichter. Manchmal scheint die Herbstsonne und lässt die Natur in goldenem Licht erstrahlen. So war es bei dem Bild, das Leo Gestel gemalt hat. Manchmal aber ist es düster und neblig. Dann sieht auch die Natur trüb aus. Alles wirkt dann grau in grau. Auch die Bäume.

Aufgabe:

 Male einen Herbstbaum im Nebel. Verwende dafür nur Grautöne, mische also Schwarz mit Weiß. Die Mischübung kann dir helfen.

# Bergahornblätter – Nils-Udo (1)

Nils-Udo
BERGAHORNBLÄTTER, Chiemgau 1978
Fujiflex auf Aluminium, 75 × 75 cm, 8 Exemplare

# Bergahornblätter – Nils-Udo (2)

Umwickelt mehrere Bäume mit Laub, so wie Nils-Udo es gemacht hat. Immer drei Kinder gestalten einen Baum.

Aufgaben:

1. Bildet Gruppen mit jeweils drei Kindern und sammelt viel Laub einer Baumart vom Waldboden auf. Sortiert es nach Größen.

2. Stapelt die getrockneten Blätter aufeinander und führt eine Nadel mit einem festen Faden durch den Stapel.

3. Zieht nun die Blätter vorsichtig auseinander, sodass eine „Blätterschlange" entsteht.

4. Wickelt die Schlange um einen Baumstamm und knotet sie fest. Wiederholt diesen Vorgang solange, bis ihr ca. 30 cm des Stammes mit Laub umwickelt habt. Achtet darauf, dass zwischen den Laubblättern möglichst wenig Stamm zu sehen ist.

 Wenn alle Bäume umwickelt sind, macht ein Foto von eurem Baum und ein Foto von eurem gemeinsamen Kunstwerk.

 Das Bild wirkt am eindrucksvollsten, wenn alle Laubringe ungefähr auf gleicher Höhe sind. Spannt als Hilfe ein langes Seil zwischen den Bäumen und markiert die obere und untere Grenze vorsichtig mit Kreide.

# Warum verfärben sich die Blätter im Herbst?

Grüne Bäume im Frühjahr und im Sommer sind schön, sagen viele Leute. Bunte Bäume im Herbst sind noch schöner. Buntes Herbstlaub leuchtet, fällt vom Baum, trocknet und raschelt sehr lustig.

Warum ändern die Bäume ihre Blattfarben von sommergrün zu herbstbunt?

Das Grün der Blätter kommt vom Chlorophyll, einem Stoff, mit dem der Baum Photosynthese betreibt. Das ist ein chemischer Vorgang, bei dem Pflanzen mithilfe von Sonnenlicht, Wasser und dem Gas Kohlendioxyd (das wir ausatmen) Traubenzucker und den für uns lebenswichtigen Sauerstoff herstellen. Den Sauerstoff geben sie an die Luft ab, den Traubenzucker brauchen die Pflanzen für das eigene Wachstum. Er wird in Stärke umgewandelt, die den Pflanzen als Energiespeicher dient.

Im Herbst beginnt der Baum sich auf den Winter vorzubereiten, wenn er keine Photosynthese mehr betreiben kann, weil die Sonnenstrahlung zu gering ist und zu wenig – oder nur gefrorenes – Wasser vorhanden ist. Dann wird auch das Chlorophyll in den grünen Blättern überflüssig. Es wird langsam abgebaut und gespeichert, sozusagen eingelagert fürs nächste Frühjahr, wenn der Baum neue Knospen und Triebe sprießen lässt. Das ist eine sinnvolle Überlebensmaßnahme der Pflanze.

Der im Blatt verbleibende Farbstoff Carotin, der auch Möhren und gelbe Rüben orange macht, färbt nun je nach Stärke das Blatt gelb, rötlich-orange oder braun. Dies geschieht bis die Blätter fallen und die Bäume ganz entlaubt sind.

Auch für das Abwerfen der Blätter müssen sich die Bäume rüsten. Etwa zur gleichen Zeit, wie das Chlorophyll abgebaut wird, bilden sie ein feines Korkgewebe, damit keine Wunden entstehen und der Saft nicht ausläuft. So schützt sich der Baum vor dem Austrocknen im Winter.

Antje Wegener

Quelle: Bernhard Schulz, Antje Wegener, Carla Zinner; „Warum ist der Himmel blau? Kinder fragen, Eltern rätseln." Copyright © 2003 by Rowohlt Berlin Verlag GmbH, Berlin

# Manuel und Didi

Die Blätter haben sich in den letzten Wochen braun und gelb verfärbt und fallen von den Bäumen. Manuel und Didi spielen im Laub.

„Weißt du was?" sagt Manuel.
„Wir bauen uns eine Laubhütte!"
„Fein!" ruft Didi.
Aus dünnen Stöcken errichten sie ein Gerüst.

Dann schichten sie Hunderte von Blättern übereinander. Die Hütte ist fertig. Fast sieht sie wie ein Indianerzelt aus.

Manuel und Didi kriechen in ihre Hütte und legen sich in das raschelnde Laub. „Erzähl mir einen Witz", sagt Manuel zu Didi.

Huiiiii! Plötzlich fegt ein Windstoß übers Land und bläst die kunstvolle Laubhütte der beiden Freunde davon!

Nur das Gerüst bleibt windschief stehen. Manuel und Didi gucken verdattert in die Luft. „Das war aber kein guter Witz, Didi", sagt Manuel.

*Erwin Moser*

Aufgabe:

 Verbinde jedes Bild mit dem richtigen Textteil.

# Gedicht: Nebel

**Nebel**

Ich stehe am Fenster und schaue hinaus.
Seht doch: Verschwunden ist Nachbars Haus.
Sagt: Wo ist die Straße, wo der Weg,
wo sind die Häuser, wo der Steg?
Der Nebel bleibt hängen, hält alles versteckt,
hat Straßen und Häuser ganz zugedeckt.

*Ernst Kreidolf*

Aufgabe:

 Male ein Bild, auf dem alles im Nebel versunken ist. Man kann nur noch ganz ungenau Häuser, Straßen, Berge oder Bäume erkennen. Verwende dafür Deckfarben.

 Benutze viel Deckweiß und wenig Wasser.

Drei Häuser im Schnee © VG Bild-Kunst, Bonn 2010

# Winter in der Kunst

## Titel: Drei Häuser im Schnee, 1933
## Künstlerin: Gabriele Münter

## Das Bild

Auf dem Bild von Gabriele Münter sieht man eine kleine Siedlung mit Häusern vor einer bergigen Schneelandschaft. Das Motiv hat Gabriele Münter in ihrer Umgebung am Rande ihres Wohnorts Murnau (Bayern) gefunden. Ein Weg führt von links in eine Siedlung hinein. Die meisten Bildelemente (Häuser, Bäume, Berge) werden von Gabriele Münter auf ihre Grundformen zurückgeführt. In der rechten Bildhälfte sind drei Häuser mit schneebedeckten Dächern schräg hintereinander gestaffelt. Die dreieckigen Formen dieser Dächer sind fast gleich und werden wieder in den drei Tannen aufgenommen. Zwei Tannen sieht man am linken Bildrand und eine direkt hinter den Dächern. Silhouettenartig ragen drei kahle Laubbäume rechts und einer links gen Himmel. Auch hier werden, wie bei den Dächern, die Linien der Bäume parallel geführt. Lange Holzstämme, zu einem Stapel aufgeschichtet, liegen schneebedeckt am linken Wegrand. Sie führen uns auf der linken Seite in das Bild hinein. Rechts sieht man eine große lila Schattenfläche. Auch sie lenkt mit ihrer Schattenkante den Blick in das Bild hinein.

Zwei Personen befinden sich auf dem Weg. Er wird von Begrenzungsmauern unterbrochen. Die Personen sind in der Bildmitte positioniert. Die schneebedeckten Berge und der leuchtend blaue Himmel darüber grenzen das Bild nach oben hin ein.

Auffällig sind die starken schwarzen Konturen, die die Flächen voneinander abgrenzen. Dadurch erinnert die Malweise an die Zeit, in der Gabriele Münter viele Bilder in der Technik der Hinterglasmalerei angefertigt hat. Münter verwendet in dem Bild nur wenige Farben. Die Wirkung des Bildes wird durch den Kontrast von Lila, Weiß und Schwarz erzielt. Die Flächen sind ausgewogen angeordnet und farblich gut aufeinander abgestimmt. Alles ist wohlgeordnet und scheint an seinem richtigen Platz zu sein.

Gabriele Münter malte große Flächen des Bildes mit kräftigen Lila-Tönen. Es können von der Sonne erzeugte Schatten sein, die einen starken Kontrast zu dem Weiß der Schneelandschaft bilden. Die Künstlerin sagte aber auch einmal, dass für sie Landschaften, besonders aber die Berge, bei Föhn eine ganz besondere Farbe annehmen und dann fast wie in ein ganz dunkles Lila eingetaucht wirken.

Trotz der beiden Personen, die sich auf dem Bild befinden, wirkt die Winterlandschaft wenig lebendig. Kennen sich die beiden Personen? Gehören sie zusammen? Trennen sie sich gerade oder gehen sie ein Stück gemeinsam auf dem Weg? Dies sind Fragen, die man sich beim Betrachten des Bildes wohl stellt. Die Natur wirkt unberührt, fast erstarrt. Das gesamte Bild strahlt eine friedliche Ruhe, aber auch ein wenig Einsamkeit aus.

# Die Künstlerin Gabriele Münter

Gabriele Münter wurde 1877 in Berlin geboren. Sie erhielt an einer Zeichenschule für Damen Kunstunterricht und war von Beruf zunächst Zeichenlehrerin. Doch schon bald merkte sie, dass ihr diese Ausbildung nicht so gefiel. Deshalb trat sie einige Zeit später im Jahr 1901 in München in eine Kunstakademie ein, in der Frauen und Männer gleichberechtigt studieren durften. Dort war Wassily Kandinsky, ein heute ebenfalls noch sehr berühmter Künstler, ihr Lehrer. Schon bald befreundeten sich die beiden und lebten eine Zeit lang auch zusammen.

Das „Russenhaus" in Murnau

Später zogen sie nach Murnau, einem netten kleinen Ort, nicht weit von München entfernt. Dort kaufte Gabriele Münter ein Haus. Dieses Haus wurde unter dem Namen „Russenhaus" sehr berühmt. Der Name kam so zustande: Die Leute in dem kleinen Ort sahen, wie dort immer viele Künstler ein und aus gingen. Es herrschte dort ein lustiges und fröhliches Treiben. Da Wassily Kandinsky Russe war, kamen eben auch oft russische Künstler und Freunde in dieses Haus – deshalb also der Name Russenhaus. Gabriele Münter hat ein Bild vom Russenhaus gemalt, was sehr bekannt wurde. Heute noch wird das Haus, das nun ein Museum ist, von vielen Touristen besucht, die dann Fotos von dem Haus machen.

Viele Bilder, die Gabriele Münter gemalt hat, sind mit kräftigen und meist auch klaren Farben gemalt worden. Ihre Motive fand sie häufig in der Natur. Kennzeichnend für ihre Bilder sind auch die oft scharfen Konturen der einzelnen Farbflächen. Manchmal werden diese Flächen sogar mit schwarzen Umrisslinien ummalt. Später bildete Gabriele Münter die Landschaften nicht mehr so ab, wie sie in der Natur zu sehen sind, sondern so, dass man erkennen konnte, was sie für die Künstlerin bedeuteten und ausdrückten. So kam es, dass Bäume manchmal blaues oder leuchtend rotes Laubwerk hatten. Oder eine Schneelandschaft war nicht weiß, sondern vielleicht lila. Auch die Form der gemalten Dinge stimmte bewusst immer weniger mit der Wirklichkeit überein. Ganz gegenstandslos, also abstrakt, malte sie aber nicht. Nicht alle Menschen verstanden ihre Malweise, aber für Gabriele Münter war es der einzige Weg, ihre Sicht der Dinge darzustellen.

Gabriele Münter gilt zusammen mit Wassily Kandinsky als Mitbegründerin der Künstlergruppe mit dem Namen „Blaue Reiter". Auch die Künstler Paul Klee, Franz Marc, August Macke und Alexej Jawlensky gehörten dazu. Diese Gruppe von Künstlern wollte die Kunst verändern. Sie grenzten sich von anderen Künstlern ab und machten ihre eigenen Ausstellungen. Eine fand auch in Murnau statt. Nach einigen Jahren zerfiel diese Gruppe, ihre Kunst ist aber heute noch sehr geschätzt.

Gabriele Münter und Wassily Kandinsky trennten sich später. Es war während der Zeit des Ersten Weltkriegs. Kandinsky ging zurück nach Russland. Gabriele Münter blieb einsam zurück. Sie brauchte einige Zeit, bis sie wieder Freude am Malen hatte. 1928 lernte sie Johannes Eichler kennen, der ihr Lebensgefährte und künstlerischer Unterstützer wurde.

Auch den Zweiten Weltkrieg und seine Schrecken und Entbehrungen hat Gabriele Münter miterlebt. Danach aber begann in den 50er-Jahren eine gute Zeit für die Künstlerin. Sie wurde sehr berühmt und ihre Bilder verkauften sich gut.

Später unternahm sie noch viele Reisen, kehrte aber immer wieder nach Murnau zurück, wo sie 1962 im Alter von 85 Jahren starb.

# Gabriele Münter und ihre Zeit

Gabriele Münter lebte in einer Zeit, die von zwei großen Kriegen, dem Ersten Weltkrieg (1914–1918) und dem Zweiten Weltkrieg (1939–1945), beeinflusst war. Die Schrecken des Krieges bestimmten zum Teil ihren künstlerischen Weg, da sie zeitweise fliehen musste und ihre Kunst nicht ausüben konnte. Sie lebte aber auch in einer Zeit, in der Frauen noch nicht so frei waren, einen Beruf ihrer Wahl auszuüben, wie heute. So durfte Gabriele Münter zum Beispiel zunächst nicht Kunst studieren, weil es damals nicht üblich war, dass Frauen einen künstlerischen Beruf hatten. So wählte sie sich zuerst den Beruf der Lehrerin aus und wurde Zeichenlehrerin. Etwas später, ungefähr ab 1900, war es an manchen Orten dann auch Frauen erlaubt, an einer Kunstakademie zu studieren.

Insgesamt war es eine aufregende Zeit, in die Gabriele Münter hineingeboren wurde. Es gab viele Erfindungen und technische Fortschritte, die sie in der langen Zeit ihres Lebens miterlebt hat. Zwei Jahre nach ihrer Geburt erfand Edison im Jahr 1879 in Amerika die Glühlampe. Im gleichen Jahr wurde in Deutschland die elektrische Eisenbahn erfunden.

Ob Gabriele Münter bei ihrem Aufenthalt in Amerika den ersten Wolkenkratzer gesehen hat, der dort 1884 erbaut worden war und ob sie schon Coca-Cola getrunken hat, deren Rezept 1886 entwickelt wurde, weiß man nicht.

Auch das Zeitalter der Luftfahrt begann zu Lebzeiten von Gabriele Münter. Am 17.12.1903 führte einer der Brüder Wright den ersten mit Maschinenkraft getriebenen Flug durch.

Viele Elektrogeräte, die für uns heute selbstverständlich sind, wurden zu ihrer Zeit erfunden: zum Beispiel der Elektroherd, der Föhn und der elektrische Schneebesen (ein Vorläufer des Mixers). Der erste Schwarz-Weiß-Fernseher (1924) und der Farbfernseher (1928) waren Erfindungen, die zu Münters Lebzeiten nur selten in den Haushalten zu finden waren.

1961, ein Jahr vor Gabriele Münters Tod, umrundete der russische Kosmonaut Juri Gagarin als erster Mensch der Welt mit seinem Raumschiff Wostok 1 die Erde. Dafür hat er genau 108 Minuten gebraucht. Das war eine große Sensation. Als die nächste große Raumfahrtsensation fällig war und die Amerikaner 1969 auf dem Mond landeten, war Gabriele Münter bereits acht Jahre tot.

# Gabriele Münter – Zeitleiste

**1877**
Gabriele Münter wird am 19. Februar 1877 in Berlin geboren.

**1897**
Sie beginnt ein Studium in Düsseldorf, um Zeichenlehrerin zu werden.

**1899**
Sie unternimmt mit ihrer Schwester eine längere Reise nach Amerika.

**1901**
Sie studiert Kunst in München und lernt dort Wassily Kandinsky kennen.

**1908–1909**
Gabriele Münter und Wassily Kandinsky entdecken bei einer Spazierfahrt Murnau. Am 21. August 1909 kauft Gabriele Münter in Murnau ein Haus, das später das „Russenhaus" genannt wurde.

**1910–1914**
Münter und Kandinsky unternehmen viele Reisen, sind aber auch häufig in Murnau.

**1911**
Die Künstlergruppe der „Blaue Reiter", zu der Gabriele Münter einige Zeit gehört, wird gegründet.

**1914–1918**
Erster Weltkrieg
Gabriele Münter und Kandinsky trennen sich.

**1928**
Gabriele Münter lernt ihren neuen Partner, Johannes Eichler, kennen.

**1933**
Gabriele Münter malt das Bild „Drei Häuser im Schnee".

**1939–1945**
Zweiter Weltkrieg

**1949–1955**
Zahlreiche Ausstellungen machen Gabriele Münter berühmt und anerkannt.

**1962**
Gabriele Münter stirbt am 19. Mai 1962 in ihrem Haus in Murnau, nachdem vier Jahre vorher ihr Lebensgefährte Johannes Eichler gestorben war.

Gabriele Münter, 1900

Selbstbildnis, um 1909

# Die Unterrichtseinheit: Drei Häuser im Schnee

## Thema

*Drei Häuser im Schnee* von Gabriele Münter, 1933 – Gestalten eines Rollfilmes

## Klasse  1.–4. Klasse

## Zeitbedarf  ca. 4 Stunden

## Medien/Materialien

- Overheadprojektor
- Buntstifte
- Klebestreifen
- einen langen Stift
- Schere

## Kopien

- Farbfolie des Werkes
- KV 1 Schablonen für die Guck-Loch-Methode; 3-mal kopieren und Ausschnitte 1–3 ausschneiden
- Farbfolie von KV 2 Verlauf von Winter zu Frühling
- KV 3a und b Umriss *Drei Häuser im Schnee*
- KV 4 Selbsteinschätzungsbogen

## Mögliche Ziele, die mit dieser Einheit erreicht werden können

- Die Kinder erschließen sich das Bild, indem sie sich mit der Malweise Gabriele Münters und mit einer möglichen Bilddeutung/Bildaussage auseinandersetzen.
- Die Kinder sprechen über Empfindungen und Gefühle bei der Betrachtung des Bildes.
- Die Kinder erproben grafische Mittel und schulen ihre zeichnerischen Fähigkeiten, indem sie ein Rollbild herstellen, das die jahreszeitliche Veränderung der Natur (den Wechsel vom Winter zum Frühling) deutlich werden lässt.
- Dabei stellen sie Sachverhalte grafisch-räumlich dar.

## Mögliche Vorgehensweise

**Einstieg durch Bildpräsentation: Guckloch-Methode**

Die Kinder erschließen sich das Bild mithilfe der Guckloch-Methode (Präsentation eines immer größer werdenden Ausschnitts des Werkes). Dazu legt die Lehrperson im Vorfeld die drei Schablonen aus KV 1 deckungsgleich übereinander, sodass das kleinste Guckloch oben liegt. Der vorerst kleine Ausschnitt zeigt zunächst nur die Personen im Schnee, dann kommt ein Teil der Umgebung (Haus) hinzu und schließlich ist schon fast das ganze Bild bis auf den Himmel zu sehen. Zu jedem Ausschnitt äußern die Kinder ihre Vermutungen und Einfälle zu Umgebung, Gefühlen, Farbgebung etc.

Nun wird das ganze Bild aufgedeckt. Nachdem die Kinder wohl zunächst erst eine Abendstimmung vermutet hatten, muss dies durch den nun sichtbar gewordenen kräftig blauen Himmel neu überdacht werden. Wahrscheinlich werden die Kinder von selbst darauf kommen, dass das Lila eine mögliche Schattenbildung sein könnte. Auf Münters Äußerung zu Lichtwirkungen bei Föhn (siehe Bildbetrachtung) kann durch die Lehrperson hingewiesen werden. Die Kinder erhalten nun erste Informationen über Gabriele Münter (S. 92). Anschließend zeigen die Kinder Bildstellen am OHP, die belegen, dass es sich bei dem vorliegenden Bild um ein Winterbild handelt. Die Kinder benennen zum Beispiel folgende Elemente: Weg mit Schnee, Holzstoß und Dächer jeweils schneebedeckt, kahle Bäume, evtl. Schneeberge und Kleidung der Personen.

### Gestaltungsaufgabe

- Die Kinder erfahren, dass sie in vier Schritten die dunkle Winterlandschaft in eine helle Frühlingslandschaft verwandeln sollen.
- Um den Kindern Möglichkeiten der Verwandlung aufzuzeigen, wird das Wiesenstück am OHP in verschiedenen Stadien gezeigt (KV 2). Hierbei handelt es sich nicht um die zeitlich korrekte Abfolge. Diese sollen die Kinder herstellen. In gleicher Weise wird die Verwandlung des kargen Baumes zu einem grünen Laubbaum hin verfolgt.
- Auf die anderen Bildelemente, die sich verändern können (Häuser, Holzstoß, Weg, Personen), wird ebenfalls noch kurz eingegangen.
- Die Kinder erfahren, dass sie einen Rollfilm nach dem Prinzip des Daumenkinos herstellen und dabei die Winterlandschaft in eine Frühlingslandschaft verwandeln sollen. Dazu gestalten sie eine Bildfolge von vier Bildern, zu denen sie vier Umrissvorlagen erhalten (KV 3a und b). Das erste Bild soll möglichst genau der Farbgebung von Gabriele Münter entsprechen.
- Auf den Umrissvorlagen sehen sie, dass die zwei Personen der Winterlandschaft im Laufe der Veränderung nach vorne treten und dadurch größer werden.
- An einem Beispiel wird den Kindern das Prinzip des Rollfilmes gezeigt.
- Nach der Ausgestaltung der vier Bilder mit Buntstiften kleben die Kinder die KV 3a und 3b zu einem Filmstreifen zusammen.

- Der obere Rand des Rollbildes kann mit einem Klebestreifen auf dem Tisch befestigt werden.
- Der Streifen wird vom unteren Bildrand eng über einen Bleistift gerollt. Durch schnelles Auf- und Abrollen erhalten die Kinder eine Bilderfolge, die aus einer Winterlandschaft eine Frühlingslandschaft macht. Dies probieren die Kinder mehrfach aus. An dieser Stelle besteht die Chance, das Rollbild an einigen Stellen noch zu überarbeiten, um eine möglichst prägnante Wirkung zu erzielen.
- Folgende Kriterien werden mit den Kindern erarbeitet:
  - Der Wechsel von Winter zu Frühling wird deutlich
  - durch Einzelelemente: Gibt es viele Details, die den abgestuften Wechsel vom Winter zum Frühling verdeutlichen?

- durch Farbveränderungen: Wurden die Farben langsam so verändert, dass der Wechsel deutlich wird?
- durch sorgfältige Flächengestaltung: Wurden die Flächen flächendeckend ausgemalt? Wurde darauf geachtet, dass die Konturenlinien gut sichtbar sind?

## Präsentation und Reflexion

Die Kinder gehen durch die Klasse und probieren vorsichtig die Rollbilder anderer Kinder aus. Sie suchen sich drei oder vier Werke aus, zu denen sie zu einem besonders gelungenen Element des Rollfilms etwas Positives schreiben. Außerdem geben sie sich gegenseitig Tipps zur Überarbeitung, allerdings nur solche, die anschließend noch umgesetzt werden können. Zum Beispiel könnte die Farbigkeit im Frühling noch deutlicher dargestellt werden oder es könnten Ideen für weitere Details ergänzt werden, die Hinweise auf die Veränderung geben. Der Selbsteinschätzungsbogen, der sich auf die vorher besprochenen Kriterien bezieht, wird im Anschluss bearbeitet.

 Tipp:
Statt des Spaziergangs vom Winter in den Frühling hinein kann auch als Aufgabenstellung ein Spaziergang durch alle Jahreszeiten hindurch vorgenommen werden. Diese Lösung ist auf dem folgenden Bild zu sehen:

## Möglichkeiten der Leistungsbeurteilung

Neben Neugier, Offenheit, Kommunikations- und Reflexionskompetenz werden in dieser Einheit besonders berücksichtigt:
- Wechsel von Winter zu Frühling wird deutlich durch:
  - Einzelelemente
  - Farbveränderungen
  - sorgfältige Flächengestaltung

# Bild 1

- Die Farbgebung des Münter-Bildes, die in der ersten Szene des Rollfilmes möglichst genau wiedergegeben werden sollte, wurde sehr gut getroffen.
- An vielen Einzelelementen wird die Entwicklung vom Winter zum Frühling deutlich:
  - Tanne am linken Bildrand wechselt die Farbe differenziert von Schwarzgrün zu Hellgrün;
  - Schnee schmilzt auf Holzstoß;
  - blaue Eisfläche wird zu blühender Wiese;
  - Knospen werden angedeutet, die erst im letzten Bild aufblühen;
  - Berg wechselt Farbe
- Farbveränderungen unterstützen den Wechsel der Jahreszeit; die Farbpalette reicht von eher kälteren Farben wie Blaulila bis zu saftigem Grün und somit zu einem gezielten Einsatz frühlingshafter Farben. Dieser Ansatz wird auch bei den Baumstämmen konsequent verfolgt, die im Frühling sogar grün gefärbt werden und somit den frühlingshaften Charakter des Bildes unterstützen.
- Die Ausgestaltung der Flächen ist durchgängig sorgfältig, die Grenzen der Flächen werden beim Malen eingehalten, wodurch die schwarzen Konturen deutlich herauskommen.

### ← Bild 2

- Entwicklung vom Winter zum Frühling wird deutlich durch insgesamt unterstützende Farbgebung, gut gelungenen Wechsel der Farben (Tannen) und durch Wechsel von Hell nach Dunkel (Wiese); auch Kleidung und Sonne spiegeln den Wechsel der Jahreszeiten gut wider. Der Übergang hätte von Bild 2 zu Bild 3 sanfter gestaltet werden können.
- Insgesamt ästhetische Wirkung, die Farbflächen könnten teilweise noch präziser ausgestaltet werden.
- Interessante Schattenwirkung der Tannen in Bild 3, die ansatzweise eine Dreidimensionalität erzeugt.

### Bild 3 →

- Der Wechsel von Winter zu Frühling wird gut deutlich, was an Details wie dem Tannenbaum, den Laubbäumen, dem Holzstoß erkennbar wird. Nicht ganz schlüssig ist die Abstimmung der einzelnen Elemente innerhalb eines Bildes (Schnee auf Holzstoß, gleichzeitig Seerosenknospen; die Entwicklung der Blumen auf der Wiese)
- Besonders individuelle und kreative Herangehensweise, statt einer Wiese einen See zu malen.
- Auffällig ist der sehr sorgfältige und sanfte Farbauftrag, der kaum noch Malspuren erkennen lässt; die Konturen bleiben erhalten. Hinsichtlich der Ausdauer zeigen sich im letzten Bild Ermüdungserscheinungen.

### ← Bild 4

- Kräftige Farbgebung und zielgerichteter Farbeinsatz lassen den Jahreszeitenwechsel besonders gut deutlich werden.
- Alle Einzelelemente sind prägnant auf die jahreszeitliche Veränderung abgestimmt.
- Auffällig ist die der Jahreszeit angepasste Verwandlung der Kleidung von dunklen Tönen hin zu freundlichen, frühlingshaften Farben; die Bilder sind in sich, aber auch in ihrer Entwicklung stimmig (Laubblätter werden sukzessive größer und deutlicher).
- Sehr sorgfältige Ausführung; Grenzen werden beim Malen eingehalten.

# Schablonen für die Guck-Loch-Methode

Hinweis: Die KV muss 3-mal kopiert werden. Dann wird aus jeder Kopie ein anderer Ausschnitt geschnitten.

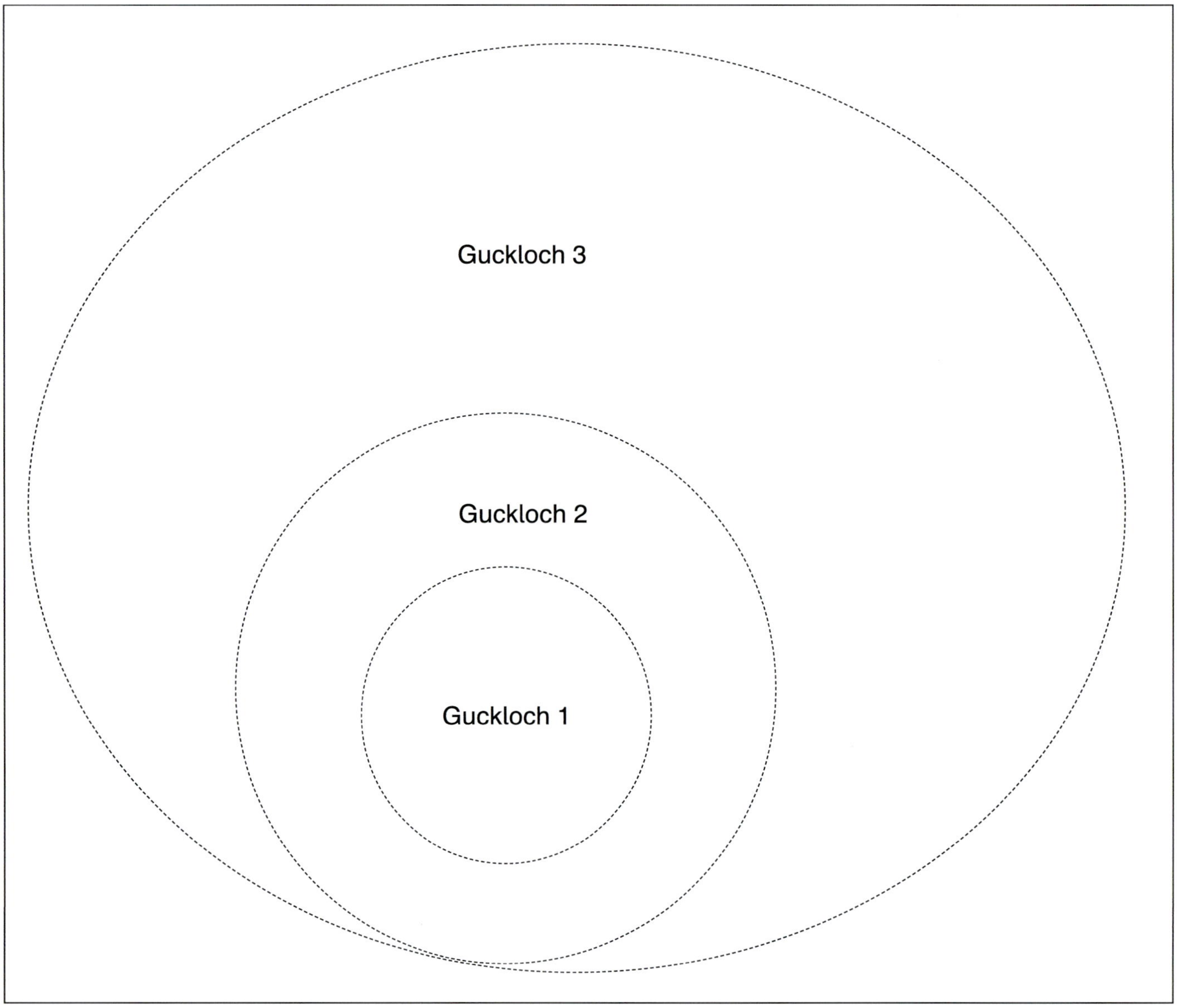

Guckloch 3

Guckloch 2

Guckloch 1

# Verlauf von Winter zu Frühling

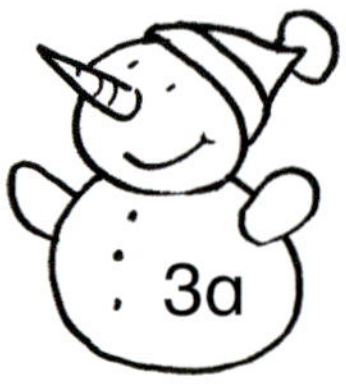

# Rollfilm *Drei Häuser im Schnee*

**Mein Rollfilm**

*Der Spaziergang vom Winter in den Frühling*

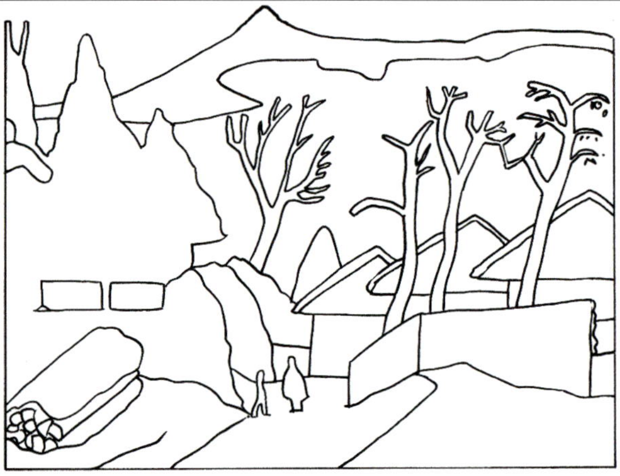

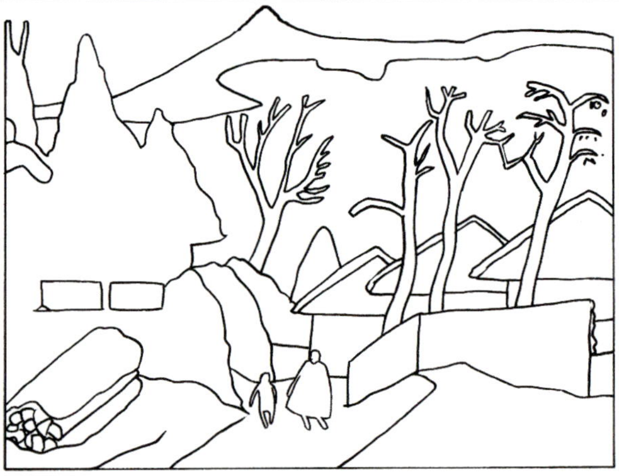

Hier klebst du den zweiten Filmstreifen auf!

# Rollfilm *Drei Häuser im Schnee*

Hier klebst du einen Stab oder Stift fest, um den Filmstreifen laufen lassen zu können.

# Selbsteinschätzung zu meinem Rollfilm „Drei Häuser im Schnee"

| | richtig gut gelungen | gut gelungen | insgesamt zufriedenstellend | noch nicht zufriedenstellend |
|---|---|---|---|---|
| Ich habe viele Einzelheiten gemalt, die sich jahreszeitlich verändert haben. | | | | |
| Ich habe sorgfältig und genau gearbeitet. | | | | |
| Auf meinem Rollbild kann man den Wechsel vom Winter zum Frühling erkennen. | | | | |

Finde Stellen in deinem Bild, die deine Meinung deutlich machen. Tausche dich mit einem Partner darüber aus.

# Selbsteinschätzung zu meinem Rollfilm „Drei Häuser im Schnee"

| | richtig gut gelungen | gut gelungen | insgesamt zufriedenstellend | noch nicht zufriedenstellend |
|---|---|---|---|---|
| Ich habe viele Einzelheiten gemalt, die sich jahreszeitlich verändert haben. | | | | |
| Ich habe sorgfältig und genau gearbeitet. | | | | |
| Auf meinem Rollbild kann man den Wechsel vom Winter zum Frühling erkennen. | | | | |

Finde Stellen in deinem Bild, die deine Meinung deutlich machen. Tausche dich mit einem Partner darüber aus.

# Liegender Hund im Schnee – Franz Marc (1)

Liegender Hund im Schnee (1911), Franz Marc

# Liegender Hund im Schnee – Franz Marc (2)

Franz Marc malte Tiere gern anders als sie in der Wirklichkeit waren, zum Beispiel blaue Pferde, gelbe Kühe und viele andere farbige Tiere.

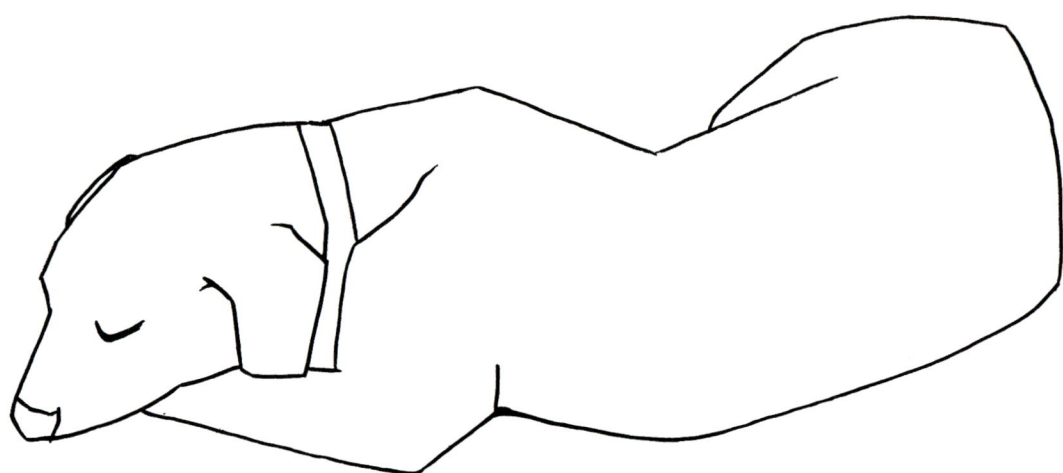

Aufgabe:

Wähle eine Farbe aus, die dir für deinen Hund gefallen würde. Versetze ihn in eine andere Umgebung.
Gestalte mit der Farbe des Hundes und ihren Mischtönen auch die Landschaft. Wenn du also zum Beispiel einen roten Hund malst, muss die Landschaft auch rot sein.
Vielleicht ist es eine Feuerlandschaft. Es kann aber auch eine Wasserlandschaft, eine Wiesenlandschaft, eine Formenlandschaft oder sonst eine Fantasielandschaft sein.
Male mit Deckfarben.

# Lebkuchen-Bild – Paul Klee (1)

Lebkuchen-Bild (1925), Paul Klee

# Lebkuchen-Bild – Paul Klee (2)

Hinweis: Die Einzelteile sollen vorher schon ausgeschnitten werden.

Aufgaben:

1.  Suche den Bildausschnitt, den du erhalten hast, auf dem Werk von Paul Klee. Kontrolliere, indem du ihn genau auf die passende Stelle legst.

2.  Male dein Teilstück ganz genau ab.

3.  Lass andere Kinder raten, wo das Stück auf der Vorlage zu finden ist.

4.  Klebt am Schluss eure gemalten Teile zu einem Gemeinschaftsbild zusammen.

Die Bildteile aus Paul Klees Werk können später als Puzzle verwendet werden.

# Die Vogelfalle – Pieter Bruegel der Ältere (1)

Die Vogelfalle (1565), Pieter Bruegel der Ältere

# Die Vogelfalle – Pieter Bruegel der Ältere (2)

Auf dem Bild von Bruegel gibt es viel zu entdecken. Schau es dir genau an. Beantworte dann die Fragen.

1. Woran erkennst du, dass es eine Winterlandschaft ist? Es gibt mehrere Erkennungszeichen.

   _____
   _____
   _____

2. Womit vertreiben sich die Menschen auf dem Bild die Zeit?

   _____
   _____

3. Wie viele Personen kannst du entdecken? _____

4. Kannst du die Vogelfalle entdecken, nach der das Bild benannt ist? Suche sie!

5. Welche Farben hat Pieter Bruegel benutzt?

   _____
   _____

6. Welche Stimmung zeigt das Bild für dich?

   _____
   _____

Lösung: Die Vogelfalle befindet sich rechts unten im Bild. Sie besteht aus einer Tür, die durch ein dünnes Seil zu Fall gebracht werden kann.

Aufgabe:

 Male nun selbst ein Winterbild nach deiner eigenen Stimmung. Benutze schwarzen Plakatkarton als Untergrund. Nimm Deckfarben und viel Deckweiß.

# Gedichte: Winterfreuden und Winterleid

**Winterfreuden**

Schlitten fahren
Schlittschuhlaufen
warmes Feuer am Kamin

Spekulatius
Küchlein backen
heißer Tee mit Zimtgeschmack

_____
_____
_____

Christkind
Christbaum
Weihnachtsduft

– das liegt im Winter in der Luft

*Bärbel Klein*

**Winterleid**

Glatteiswetter
Schneegestöber
Autochaos in der Stadt

kalte Füße
rote Nasen
Halsschmerzen trotz dickem Schal

_____
_____
_____

kahle Bäume
Tiere frieren
keine Sonne weit und breit

– auch das gibt es zur Winterszeit

*Bärbel Klein*

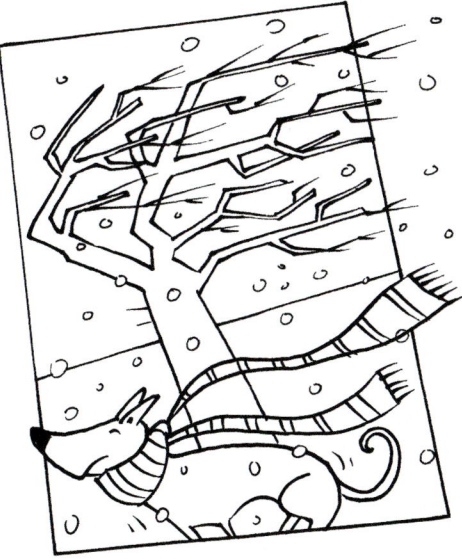

Aufgaben:

1.  Ergänze die beiden Gedichthälften mit deinen eigenen Vorstellungen von Winterfreuden und Winterleid.

2.  Gestaltet einen Lesevortrag in Partnerarbeit. Setzt dabei eure Stimme sowie Gestik und Mimik gezielt ein.

# Gedicht: Advent

**Advent**

Es treibt der Wind im Winterwalde
die Flockenherde wie ein Hirt,
und manche Tanne ahnt, wie balde
sie fromm und lichterheilig wird;
und lauscht hinaus. Den weißen Wegen
streckt sie die Zweige hin – bereit,
und wehrt dem Wind und wächst entgegen
der einen Nacht der Herrlichkeit.

*Rainer Maria Rilke*

Aufgabe:

 Lerne das Gedicht auswendig. Trage es so vor, dass man sich die weiße Winterlandschaft und das Lauschen der Tanne gut vorstellen kann.

 Rainer Maria Rilke ist ein sehr berühmter Dichter. Er lebte von 1875 bis 1926.

# Gedicht: Der Pfefferkuchenmann

**Der Pfefferkuchenmann**

Er ist nicht mal aus Afrika
Und doch so braungebrannt.
Wo kommt er her? Ich dacht mir's ja:
Aus Pfefferkuchenland!
Hat Augen von Korinthen
Und Mandeln drum und dran.
Wie schön ihn alle finden –
Den Pfefferkuchenmann!

Er freut sich auf den Weihnachtsbaum,
Da möcht er druntersteh'n.
Den Lichterglanz – er glaubt es kaum –,
Den will er sich besehn,
Mit Augen von Korinthen
Und Mandeln drum und dran.
Wie herrlich wird er's finden -
Der Pfefferkuchenmann!

Wär ich nur nicht solch Leckerschnut
Und könnte widersteh'n,
Dann wär ja alles schön und gut,
Wär alles gut und schön.
Wie wohl Korinthen schmecken?
Sind Mandeln ein Genuss?
Ich will ganz schnell mal lecken
Am süßen Zuckerguss.

Und steht der Baum im Kerzenlicht,
Und ist es dann soweit –
Da fehlt doch wer, der sieht das nicht,
nun tut's mir selber leid.
Vernascht sind die Korinthen,
Die Mandeln drum und dran...
Er ist nicht mehr zu finden –
Der Pfefferkuchenmann.

*Erika Engel*

Aufgabe:

Sicherlich hast du auch schon einmal genascht!

 Erzählt euch gegenseitig Naschgeschichten.

# Quellenangaben

## Bildquellen

Seite 7: Vincent van Gogh, Blühender Mandelbaumzweig in einem Glas, Arles, Anfang März 1888, Öl auf Leinwand, 24 × 19 cm, Amsterdam, Van Gogh Museum, in: Van Gogh, Sämtliche Gemälde, Teil 1, Ingo F. Walther, Rainer Metzger, Taschen Verlag, 2006, Köln, S. 313

Seite 9: Das gelbe Haus (Vincents Haus), Arles, September 1888, Öl auf Leinwand, 72 × 91,5 cm, Amsterdam, Van Gogh-Museum, in: Van Gogh, Sämtliche Gemälde, Teil 1, Ingo F. Walther, Rainer Metzger, Taschen Verlag, 2006, Köln, S. 423

Seite 11: Selbstbildnis mit verbundenem Ohr, Arles, Januar 1889, Öl auf Leinwand, 60 × 49 cm, London, Courtauld Institute, Galleries, in: Van Gogh, Sämtliche Gemälde, Teil 1, Ingo F. Walther, Rainer Metzger, Taschen Verlag, 2006 Köln S. 485

Seite 11: Foto van Gogh in Wikipedia, Urheber: Jacobus Marinus Wilhelmus (J.M.W.) de Louw, lizensiert unter Creative Commons Attribution-Share Alike 2.5 Generic, URL: http://en.wikipedia.org/wiki/Creative_Commons

Seite 22: René Magritte, Der Frühling, 1965, Öl auf Leinwand, 46 × 55 cm, Schweiz, Privatbesitz, in: Jaques Meuris, Magritte, Benedikt Taschen Verlag GmbH, 1998, S. 141

Seite 24: Nils Udo: Rotes Bild, Euphorbia pulcherrima, Bambusrohr, Île de la Réunion, 1998, Fujiflex auf Aluminium, 100 × 150 cm, 5 Exemplare

Seite 26: Henri Matisse, Papageien-Tulpen, 1905, Öl auf Leinwand, 46 × 55 cm, Albertina, © Succession H. Matisse/VG Bild-Kunst, Bonn 2011

Seite 31: George Seurat, Ein Sonntagnachmittag auf der Inse „La Grande Jatte", 1884–1886; Amanda Renschaw, Das Kunstbuch für Kinder, Buch 2. Phaidon Verlag: Berlin (2007). Deutsche Übersetzung. Marin Wöll, S. 74/75

Seite 33: Hajo Düchting, Seurat, Benedikt Taschen Verlag GmbH, 1999, Köln, S. 38
Alte 1884, Conté-Kreide, 17, 7 × 13,3 cm, Anglerin 1884, Conté-Kreide, 30,5 × 23,9 cm

Seite 35: Foto von Seurat, in Wikipedia, lizensiert unter Creative Commons Attribution-Share Alike 2.5 Generic, URL: http://en.wikipedia.org/wiki/Creative_Commons

Seite 52: Joan Miró, Der vom Goldblau umkreiste Flügel der Lerche kommt wieder zum Herzen des Klatschmohns, der auf der diamantgeschmückten Wiese schläft, © Successió Miró/VG Kunst, Bonn 2011

Seite 55: Foto von Miró (Urheber: Carl Van Vechten), in Wikipedia, lizensiert unter Creative Commons Attribution-Share Alike 2.5 Generic, URL: http://en.wikipedia.org/wiki/Creative_Commons

Seite 55: Die Werkstatt Sert von Joan Miro in Palma, © BMK/Wikipedia, https://commons.wikimedia.org/wiki/File:Studio-Sert_BMK.jpg

Seite 56: Francisco de Goya, Der Sonnenschirm, 1777, Öl auf Leinwand, 104 × 152 cm, Madrid, Museo Nationale del Prado, in: Goya – Prophet der Moderne, Hrsg.: Peter-Klaus Schuster und Wilfried Seipel, DuMont Literatur und Kunst Verlag, Köln, und Staatliche Museen zu Berlin und der Verein der Freunde der Nationalgalerie, 2005, S. 83

Seite 58: Gustav Klimt, Der Gartenweg mit Hühnern, 1916, Öl auf Leinwand, 110 × 110 cm, 1945 in Schloss Immendorf verbrannt, In: Nina Kränsel, Gustav Klimt, Prestel Verlag, München, Berlin, London, New York, 2006, S. 39

Seite 63: Paul Klee, Bergdorf (herbstlich), 1934, Öl auf Leinwand, 71,5 × 54,4 cm, Sammlung Rosengart, Luzern, in: Willi Grohmann, Der Maler Paul Klee, Dumont. Bibliothek großer Maler, 2003, Köln, S. 116

Seite 65: Fotografie von Paul Klee (Urheber: Alexander Eliasberg, 1911) in Wikipedia, lizensiert unter Creative Commons Attribution-Share Alike 2.5 Generic, URL: http://en.wikipedia.org/wiki/Creative_Commons

Seite 67: Fotografien von Paul Klee als Schüler und Soldat, in Wikipedia, lizensiert unter Creative Commons Attribution-Share Alike 2.5 Generic, URL: http://en.wikipedia.org/wiki/Creative_Commons

Seite 74: Foto von Saas-Fee (Urheber:Jamcib) In: Wikipedia, lizensiert unter Creative Commons Attribution-Share Alike 2.5 Generic, URL: http://en.wikipedia.org/wiki/Creative_Commons

Seite 74: Foto von Winkelmatten-View from Gornergratbahn. (Urheber: Andrew Bossi) lizensiert unter Creative Commons Attribution-Share Alike 2.5 Generic, URL: http://en.wikipedia.org/wiki/Creative_Commons

Seite 79: Karl Blossfeldt, Cirsium, Distel, Blütenboden (Photographie), in: Hans Christian Adam (Hrsg.), Karl Blossfeldt, TASCHEN GmbH, 2001, Köln, S. 140

Seite 79: Foto Distelstrauß, Julia Feldgen

Seite 79: Foto Distel (Blütenboden), Bärbel Klein

Seite 80: Foto Sonnenblume, Bärbel Klein

Seite 81: Leo Gestel, Herbstbaum, 1910/11, Öl auf Leinwand, 71 × 47 cm, in: Vincent van Gogh und die Moderne, Museum Folkwang, Essen, Luca Verlag Freeren, 1990, S. 254

Seite 83: Nils-Udo, Bergahornblätter, Chiemgau 1978, Chiemgau, Fujiflex auf Aluminium, 75 × 75 cm, 8 Exemplare

Seite 88: Gabriele Münter, Drei Häuser im Schnee, 1933, © VG Bild-Kunst, Bonn 2011

Seite 90: Haus von Gabriele Münter in Murnau am Staffelsee, © Heide Bauer, 2011 lizensiert unter Creative CommonsAttribution-Share Alike 2.5 Generic,URL: http://creativecommons.org/licenses/by-sa/2.5/deed.en

Seite 92: Foto Gabriele Münter, St Louis, 1900, Gabriele Münter- und Johannes Eichner-Stiftung, München 1961

Seite 92: Selbstbildnis, um 1909, Münter, in: Gabriele Münter, Hrsg.: Annegret Hoberg, und Helmut Friedel, Katalog zu Ausstellung in Städt. Galerie Lenbachhaus, München 1992, und Schirn Kunsthalle, Frankfurt 1993, Prestel Verlag, München, 1992, S. 263 © VG Kunst

Seite 105: Paul Klee, Lebkuchen-Bild, 1925, Öl auf kreidegrundiertem Karton, 21,8 × 28,8 cm;

Seite 107:Pieter Bruegel, D.Ä., Die Vogelfalle, 1565, in: Rose-Marie und Rainer Hagen, Bruegel, Sämtliche Werke, TASCHEN GmbH, 2007, S. 52

# Textquellen

Seite 8: Zitat von Vincent an Theo am 11. Mai 1882, in: Isabel Kuhl, Vincent van Gogh, Prestel Verlag, München, 2008, S. 27

Seite 29: Christine Nöstlinger, Frühling, in: Das Flügelpferd, Gedichte für Groß und Klein, Hrsg.: Signe Sellke, Schroedel Verlag GmbH, Hannover, 1999, S. 60

Seite 30: Josef Guggenmos, Die Tulpe, aus: Josef Guggenmos, Groß ist die Welt © 2006 Beltz & Gelberg in der Verlagsgruppe Beltz, Weinheim/Basel

Seite 9: Jürgen Spohn, Raus, in Drunter und drüber, Bertelsmann Verlag, München, 1996

Seite 60: Elisabeth Borchers, August, in: Großer Ozean, Hrsg.: Hans-Joachim Gelberg, Beltz Verlag, Weinheim und Basel, 2000, S. 17

Seite 61: Hans Manz, Wettergeschichte, aus: Hans Manz, Die Welt der Wörter, S. 259 © 1991 Beltz und Gelberg in der Verlagsgruppe Beltz, Weinheim/Basel

Seite 52: Ilse Kleberger, Sommer, in: Das Flügelpferd, Hrsg.: Signe Sellke, Schroedel Verlag GmbH, Hannover, 1999, S. 62

Seite 85: Antje Wegener, Warum verfärben sich die Blätter im Herbst? in: Bernhard Schulz, Antje Wegener, Carola Zinner, Warum ist der Himmel blau? Kinder fragen, Eltern rätseln, Rowohlt Berlin Verlag GmbH, Berlin 2003, S. 72–73

Seite 86: Erwin Moser, Manuel und Didi, aus: Erwin Moser, Manuel & Didi. Bd.1: Die Laubhütte, © Beltz &Gelberg in der Verlagsgruppe Beltz, Weinheim/Basel

Seite 87: Ernst Kreidolf, Nebel. In: Schwätzchen für Kinder, Bilder und Reime. Köln/Dortmund: Hermann Schaffstein o.J.

Seite 109: Bärbel Klein, Winterfreuden – Winterleid

Seite 111: Erika Engel, Der Pfefferkuchenmann, aus: Die Wundertüte, Kinderbuchverlag: Berlin 1956

# Alle Unterrichtsmaterialien
der Verlage Auer, PERSEN und scolix

## jederzeit online verfügbar

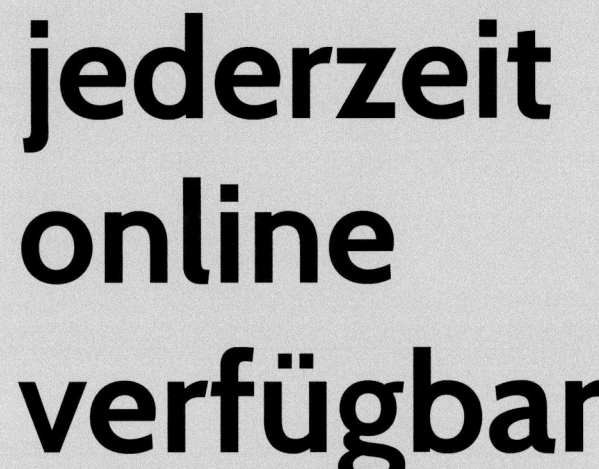

### lehrerbuero.de
Jetzt kostenlos testen!

 lehrerbüro

**Das Online-Portal** für Unterricht und Schulalltag!